Pronunciation for Advanced Learners of English

Student's Book

David Brazil

CAMBRIDGE
UNIVERSITY PRESS

PUBLISHED BY THE PRESS SYNDICATE OF THE UNIVERSITY OF CAMBRIDGE
The Pitt Building, Trumpington Street, Cambridge CB2 1RP, United Kingdom

CAMBRIDGE UNIVERSITY PRESS
The Edinburgh Building, Cambridge CB2 2RU, United Kingdom
40 West 20th Street, New York, NY 10011–4211, USA
10 Stamford Road, Oakleigh, Melbourne 3166, Australia

First published 1994
Fourth printing 1998

Printed in the United Kingdom at the University Press, Cambridge

A catalogue record for this book is available from the British Library

ISBN 0 521 38798 1 Student's Book
ISBN 0 521 38799 X Teacher's Book
ISBN 0 521 38420 6 Set of 2 cassettes

Contents

Acknowledgements

I should like to thank:

Jeanne McCarten, Lindsay White and Brigit Viney for their encouragement, support and patience during the long time in which this course has been in preparation.

Dorothea Bogle, Richard Cauldwell, Richard Francis, Niall Henderson, Martin Hewings, Joanne Kenworthy, Jill Mainwaring, Gillian Mansfield, Georgina Pirt, Paul Tench, Alan Webb and Christina Wilkes for their invaluable help and advice, particularly when the material was going through the piloting stage.

Key to symbols

Vowels:

ɪ	sit	/sɪt/	i:	street	/stri:t/
e	bench	/bentʃ/	ɑ:	start	/stɑ:t/
æ	alley	/æli:/	ɔ:	walk	/wɔ:k/
ʌ	bus	/bʌs/	u:	shoes	/ʃu:z/
ɒ	stop	/stɒp/	ɜ:	terminus	/tɜ:mɪnəs/
ʊ	could	/kʊd/			

aɪ	bright	/braɪt/	aʊ	out	/aʊt/
əʊ	snow	/snəʊ/	eə	where	/weə/
eɪ	late	/leɪt/	ɪə	idea	/aɪdɪə/
ɔɪ	employ	/ɪmplɔɪ/	ʊə	sure	/ʃʊə/

The common sound of unprotected vowels is /ə/, e.g. 'and there wasn't a plant':
/ənd ðə wɒzənt ə plɑ:nt/

Consonants:

p	past	/pɑ:st/	b	by	/baɪ/
t	terminus	/tɜ:mɪnəs/	d	down	/daʊn/
k	concrete	/kɒŋkri:t/	g	got	/gɒt/
f	first	/fɜ:st/	v	visitor	/vɪzɪtə/
θ	thought	/θɔ:t/	ð	there	/ðeə/
s	sit	/sɪt/	ʃ	shoes	/ʃu:z/
ʃ	shops	/ʃɒps/	ʒ	measure	/meʒə/

m	miles	/maɪlz/	l	lord	/lɔ:d/
n	now	/naʊ/	r	right	/raɪt/
r	rang	/ræŋ/	w	want	/wɒnt/
h	how	/haʊ/	j	yes	/jes/

Tone unit boundary: //
// the bus stopped // we'd got to the terminus //

Sounds in prominent syllables: UPPER CASE letters
// the BUS STOPPED // we'd GOT to the TERminus //

Tonic syllable: underlining
// the BUS <u>STOPPED</u> // we'd GOT to the <u>TER</u>minus //

Tone: arrows placed at the beginning of the tone unit
fall: ↘
rise: ↗
fall-rise: ↘↗
level: →
// ↗ WHEN the bus <u>STOPPED</u> // ↘ she GOT <u>OUT</u> //

Key: arrows placed before the first prominent syllable
High key: ↑
Low key: ↓
Mid key: No arrow
// the BUS <u>STOPPED</u> // we'd ↑ GOT to the <u>TER</u>minus //
// the BUS <u>STOPPED</u> // we'd ↓ GOT to the <u>TER</u>minus //

● Introduction

Who is this course for?

This course in pronunciation is intended for users of English who wish to feel more confident about their ability to speak it. It will be useful to those who have already achieved an advanced level of proficiency in the written language. It is not unusual for such students to feel uneasy about how their pronunciation might be perceived by others and to be specially concerned about how it might affect their ability to communicate, and it is with their particular concerns in mind that the course has been compiled.

It may be that, in your own learning experience, more stress has been laid upon the skills of reading and writing than upon those of speaking and listening. Or it may be that attention has been given to what are often referred to as 'communication skills' so that little time has been devoted to the details of pronunciation. This way of starting to learn a language can give you an encouraging sense of achievement in the early stages. It is good to find that you can say what you need to say in the situations you actually find yourself in. But you may by now have reached the stage where the kind of pronunciation you could once get by with no longer satisfies you. This book will provide you with a methodical programme to remove some of this feeling of inadequacy.

What shall you use spoken English for?

For many, the use of spoken English will be closely tied up with particular professional interests. You may, for instance, find yourself faced with the need to make oral reports in connection with your work, or to present seminar papers in English. You may have to participate in social conversation in English. If you are, or intend to become, a teacher of English, you may wish to be able to perform more confidently yourself, or to have greater awareness of the likely causes of difficulty for your students.

There are many ways of teaching – and of learning – English, and those who make use of this course will have come to their present state of competence in English, and of knowledge *about* English, by a variety of routes. They will consequently find themselves facing different kinds of problems. What they all have in common, however, will be the need to explore English pronunciation more methodically, *starting from where they are now*. Since their need will be primarily to communicate, this means that they need a course which takes as its starting point the fact that pronunciation is an essential part of the business of making yourself understood. One way in which this course differs from some others is that it is less concerned with learning the sounds of a particular 'accent' than with making yourself as helpful as you can to the person who is trying to understand you. Good pronunciation is taken to be pronunciation which does not put an unnecessary barrier between you and your listener.

Feeling in control of your English

The activities suggested in this book, and on the cassette that goes with it, provide you with pronunciation 'practice' as this is often understood: that is to say, practice in reproducing appropriate sounds and patterns of sound. But they also provide opportunities for exploring the principles that underlie the practice. Detailed technical descriptions are avoided wherever possible, but an essential aim of the course is to help you have sufficient understanding of the pronunciation system of the language to feel at home in using it. By understanding it you will be more likely to feel in control of it; and feeling in control will almost certainly reduce that anxiety that is so often felt when we find ourselves speaking a language that is not our own.

Hearing and speaking

Advice that is often given to language students when they get to a certain stage of proficiency is to expose themselves to the speech of competent speakers as much as possible. Ideally, this means spending long periods of time among people who speak it habitually. If this is not possible, the use of broadcast material, whether by television, radio or recorded speech, makes a good substitute. This excellent advice does, however, leave one important thing unsaid. The improvements that result simply from being in contact with competent speakers can be frustratingly slow in coming. It is not, in fact, enough simply to be 'exposed'. Without some experience in listening systematically to the sounds of speech, and without a consequent awareness of what to listen for, much of what you hear tends to wash over you and have little effect upon what you do yourself.

By the standards of ordinary language users, listening to sounds is a somewhat odd thing to be doing. Our normal interest is in what the other person *means*. Our natural interest in the message – in *what* is being said – usually leaves us with little spare attention for *how* it is being said. Generally, indeed, the less we allow ourselves to be distracted by the details of a speaker's pronunciation the better. To the extent that this is true, any pronunciation course must ask you to suspend what you normally do – that is, listen to what speakers mean – and attend to how they say it.

Starting with meaning

One way of concentrating upon sound instead of meaning is to begin with the pronunciation of single words. This is done in many pronunciation courses. But knowing how to pronounce single English words has limited value for people who want to communicate in the language. The starting point of this course is the speech of people who are communicating; and this means what is sometimes referred to as 'connected speech'. Each unit begins with a recording of a sample of such speech. The tasks that follow are designed to sharpen your awareness of particular features of pronunciation and then to go on and practise them.

One difficulty in the way of such a procedure is a problem we mentioned above. You have to choose between the two ways of listening: listening to what is being said and listening to how it is being said. To make this easier the first task in each unit requires you to focus upon the message. That is to say, you are asked to listen to the material in the way you would usually listen to something you were interested in. The discussion which follows will require understanding of the meaning, but not yet of how that meaning is represented in sound. Only after you have made yourself familiar with the language in this 'normal' way will you be asked to attend to the pronunciation.

It is emphasised that the speakers you will hear will be participants involved in some communicative event, that is to say, they will be saying something that they think is of interest or importance to someone else. They will not be providing model sentences or lists of words for you to imitate. And your own aim will be to take part as effectively as you can in similar events in which you have your own ideas to communicate. You will not be satisfied with simply demonstrating that you have mastered an awkward vowel sound or a difficult sequence of consonant sounds. If the course is to be useful, at your level of competence, the emphasis must necessarily be upon communicative use rather than upon demonstration.

Intonation

It is for this last reason that the course differs in the way it is organised from most others that are concerned with pronunciation. It makes its first objective an increased awareness of how the intonation system of English is used. This can only be done if we assume that language is being used to communicate, for intonation is the means whereby we organise our language into patterns that fit the present communicative need.

Part 1 of the first unit is concerned, therefore, with how speech is presented by the speaker, not as separate words, but as tone units. Tone units are the building blocks out of which all spoken communication is constructed. Thereafter, work on intonation is introduced unit by unit alongside work on individual 'sounds' (the vowel and consonant 'segments' of traditional pronunciation practice).

There is one very straightforward reason for doing this: in the speech of advanced learners, departures from what we regard as desirable are said to be more often matters of intonation than matters of how particular sounds are made. There is more to it than this, however. If we want to focus upon the individual 'sounds' of a language, and to do so usefully, we must take account of what happens to them when the language is used to communicate. This really means being aware of how such sounds are affected by the intonational shape of the stretch of speech they occur in. And this in turn means focussing on the tone units that we find in any sample of used language.

Is intonation too difficult?

Intonation is not, on the whole, popular among language teachers or learners. By giving it so central a place in the course, we may seem to be making things harder rather than easier. Intonation has a reputation for being difficult and 'slippery'. It is true that people tend easily to lose confidence in their ability to get to grips with it. The truth may well be, however, that this is precisely because it has not been given a very prominent place in most teaching procedures. Through being left out, it has acquired the kind of mystery that so often surrounds things that we think are beyond our understanding. And mystification about something so fundamental to spoken communication as intonation is clearly not a good thing! Being aware that there is a whole area of the language you know next to nothing about hardly makes for self-confidence. This is particularly true when you are told – as you probably have been told at some time – that intonation is immensely important! And building self-confidence is central to the aims of this course.

Difficult sounds

There is something else that can easily undermine self-confidence, and that is those particular speech sounds – few or many in number – that remain difficult for many learners, even at an advanced stage. What these are, and how many they are, will depend partly upon the learner's native language. Vowel sounds or consonant sounds, or certain combinations of either or both of these, that are not used in that language can present continuing problems; they will almost certainly be counted among the things that intended users of this course will want to give their attention to.

The framework that intonation provides is important for this aspect of pronunciation as well. For here, too, you will want to keep in mind the way your speech can best serve your communicative ends. And this in turn requires that you see how the sound you want to concentrate on fits, not into a word, but into that larger building block, the tone unit.

Identifying your problems

Part 2 of each unit, which deals specifically with individual speech sounds, is organised in a different way from Part 1. Here, you are concerned with recognising and remedying things that are peculiar to you. Confidence building here takes the form of making clear to yourself just which sounds you need to work on and which you can safely take to be not a problem. Most of the tasks, therefore, are aimed at enabling you to identify your problems.

Most advanced learners who carry out this kind of self-diagnosis find that there are far fewer problems than they thought. The job confronting them is correspondingly more manageable than they thought. Intensive work on a few sounds, selected for the difficulty they represent to *you*, is evidently a more economical use of effort than giving indiscriminate attention to everything.

The tasks that are incorporated into Part 2 of the units should be treated, therefore, as an opportunity to make a systematic survey of part of the field. Directions are then given to enable you to find exercises in the Appendix for practising the sound you, personally, need to practise.

The use of the course

There are two further things that should be kept in mind in using this book.

The first is that the instructions to carry out many of the tasks in pairs or in groups should be followed wherever this is possible. Work on pronunciation must necessarily be active – you don't improve your pronunciation by being told what to do, but by doing it. The kind of discussion that will arise if you do the tasks cooperatively will itself give practice in speaking which may well be more valuable to you than the formal exercises. The most 'real' communication that the course can stimulate is communication about the material.

The second point is that the course is intended to be worked through one unit at a time and in the given order. This is because each unit provides information that you will need in later units. By working your way through the units, you will be gaining experience of making use of a background of understanding that has come to be shared between the book and the user, a concrete illustration of the way communication works.

Part 1

Listening for meaning

You have probably had the experience, at some time or other, of finding your way about in a strange town. On the cassette you will hear Elizabeth describing a time when she had to do this. Listen carefully, paying attention to the meaning of what you hear, rather than to the pronunciation.

Now take the part of Elizabeth and retell the story to a partner. Use the map to help you remember the details.

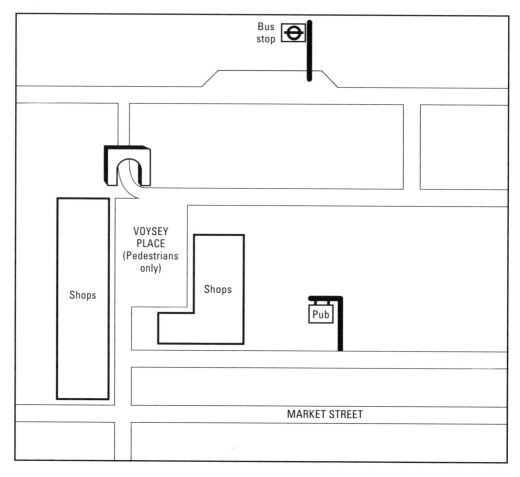

Listening to intonation

I.I

Now that you are familiar with what the recording is about, listen to someone repeating a short extract from it.

1 the bus stopped we'd got to the terminus and everyone got out

Notice the way the speech is divided up into short pieces:

// the bus stopped // we'd got to the terminus // and everyone got out //

Listen to each of these short sections and try to mark the breaks for yourself.

2 but it was too late they'd gone the street was empty even the bus driver had

  gone

3 I hurried across and turned into an alleyway and started to walk

4 it was one of those pedestrian precincts no cars admitted with concrete benches

  to sit on and concrete tubs for plants

Check your answers by listening again.

Try to read out (2)–(4) above, allowing yourself a pause wherever you have marked a break. Be sure that you do not pause anywhere else.

> What you have just done is to break up a stretch of speech into pieces. We shall call these pieces **tone units**, and use the symbol // to show where there is a tone unit boundary. In this course you should think of the tone unit as the basic building block of spoken English. When language is written or printed, it appears to the eye as divided up into 'words'. When it is spoken it is heard by the ear as divided up into tone units. Notice that the sounds that make up a tone unit are usually run together in the way we are accustomed to thinking of the separate sounds of single words as being run together.

I.2

Listen to each of these tone units and repeat them, trying to reproduce exactly what you hear, running the sounds together as if you were saying a single word.

1 they'd gone   5 it was winter
2 it was dark   6 she was a student
3 to sit on   7 where market street was
4 for plants

In each of the tone units you have just practised, you should have made one syllable more noticeable than the others. We shall call this a **prominent** syllable, and shall indicate it with upper-case letters. You said:

they'd GONE   it was DARK   to SIt on   for PLANTS   it was WINter
she was a STUdent   where MARket street was.

1.3

Listen to some more tone units and try to repeat them as single blocks, just as you hear them.

1 the bus stopped
2 we'd got to the terminus
3 the street was empty
4 i hurried across
5 with concrete benches
6 looking at the windows

Can you say how these differ from the examples in Task 1.2?

In each of the tone units above *two* syllables are made prominent. You said:

the BUS STOPPED   we'd GOT to the TERminus   the STREET was EMPty
i HUrried aCROSS   with CONcrete BENches   LOOking at the WINdows.

1.4

Read aloud each of these short pieces. The transcripts show you where to make tone unit breaks and where to put prominent syllables. Remember that you can pause as long as you need to between tone units, but not inside tone units.

1 // but the BENches were WET // it was WINter // and there WASn't a PLANT // to be SEEN //

2 // the LASt of the SHOp assistants // was just CLOsing the DOORS // COULD she TELL me please // where MARket street was //

3 // she'd NO iDEA // she was a STUdent // doing a HOliday job //

Compare your versions with those on the cassette.

When there are two prominent syllables in a tone unit, they are not made noticeable in quite the same way. In the *last* prominent syllable in each of these tone units (but not in the first) there is a fall in pitch. We shall call the syllable where this fall occurs the **tonic** syllable. Syllables which are tonic, as well as prominent, will be underlined:

// the LASt of the SHOp assistants // was just CLOsing the DOORS //.

When there is only one prominent syllable in a tone unit, that one is always a tonic syllable:

// she was a STUdent // doing a HOliday job //.

1.5

Listen to the pieces below and read the transcripts. Add all the tone unit boundaries, circle the prominent syllables and underline syllables that are tonic as well as prominent. Remember: some tone units will have one prominent syllable and others will have two. The tonic syllable will always be the last prominent syllable. Stop the cassette whenever you need to.

1 i passed some shops bright lights and bargains and fashionable dresses on plastic figures videos and fridges and hundreds of shoes at giveaway prices leftover gift wrapping and holly and snowmen

2 she thought there was a pub in the first street on the left perhaps they'd know there

3 there was just nobody about i walked on and took the left turning where she'd said and found the pub

HOW DOES IT HELP?
Breaking up the stream of speech into tone units helps a listener in two ways:

1 the language is handed out in small parcels which can be interpreted one at a time;
2 the grouping of words within a message into longer or shorter sections helps the listener to understand the message as a whole.

1.6

Listen to a description of some of the things Elizabeth saw in the shop windows.

Listen to another, slightly different, way of describing the same things and see if you can spot the difference. Rewind and listen again to both versions if you need to, before reading the explanation that follows.

In the first version 'videos' and 'fridges' are mentioned as two separate parcels of information:

1   // FAshionable <u>DRE</u>sses // <u>VI</u>deos // and <u>FRI</u>dges //

In the second they are mentioned as one parcel: they are treated as things that go together in a single category of merchandise.

2   // FAshionable <u>DRE</u>sses // <u>VI</u>deos and <u>FRI</u>dges //.

Listen again to these different versions and repeat each of them in turn, so that you get used to the difference.

3   // <u>VI</u>deos // and <u>FRI</u>dges //
    // <u>VI</u>deos and <u>FRI</u>dges //

In each of the examples that follow, you will hear something resembling what Elizabeth said, followed by another version. The second version parcels up the information in a slightly different way. Listen to both versions and repeat them, keeping in mind the difference. Then mark the tone unit boundaries on the transcriptions.

4   holly and snowmen

    holly and snowmen

5   there wasn't a plant to be seen

    there wasn't a plant to be seen

6   i walked along looking at the windows

    i walked along looking at the windows

You may have found that these examples got more difficult to repeat as you went along. Can you say why?

To speak a tone unit without any breaks in the continuity, you need to have planned it completely before you begin it. The longer the tone unit, the more you have to plan ahead. If you found the one-tone unit versions of some of the examples difficult to say, practise them until you can manage them without any internal breaks or slips of the tongue.

1.7

When Elizabeth saw the shop assistant she asked her:

// where <u>MAR</u>ket street was //.

Why do you think 'market' is made prominent rather than 'street'?

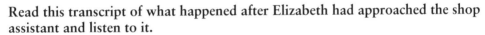

HOW DOES IT HELP?
As well as dividing up your speech into tone units in different ways, you can vary the way you attach prominence to particular words. You will remember that Elizabeth said:

// the LAST of the <u>SHO</u>p assistants // was just CLOsing the <u>DOORS</u> //.

She might have said:

// the LAST of the <u>SHO</u>p assistants // was just <u>CLO</u>sing the doors //.

When you choose to put prominent syllables in some words but not others you are helping the listener to follow your message. It helps them to know which words they should pay particular attention to.

1.8

Read this transcript of what happened after Elizabeth had approached the shop assistant and listen to it.

// she'd NO i<u>DEA</u> // she was a <u>STU</u>dent // doing a <u>HO</u>liday job // and she didn't <u>KNOW</u> the district // <u>YET</u> // she THOUGHT there was a <u>PUB</u> // in the FIRST street on the <u>LEFT</u> // perHAPs they'd know <u>THERE</u> // it was <u>ALL</u> // <u>VE</u>ry // <u>ODD</u> // there was just NObody a<u>BOUT</u> // i WALKED <u>ON</u> // and TOOK the left <u>TUR</u>ning // where she'd <u>SAID</u> // and <u>FOUND</u> the pub // but of <u>COURSE</u> // they DIDn't <u>Open</u> // till <u>SE</u>ven // and it was just HALF past <u>FIVE</u> // i WENT round to a <u>SIDE</u> door // and rang a <u>BELL</u> //

Working with a partner, try to decide why these words have prominent syllables.

1 holiday   (in // doing a <u>HO</u>liday job //)
2 thought   (in // she THOUGHT there was a <u>PUB</u> //)
3 left   (in // the FIRST street on the <u>LEFT</u> //)
4 on   (in // i WALKED <u>ON</u> //)
5 seven   (in // they DIDn't <u>Open</u> // till <u>SE</u>ven //)

Now decide why these words do *not* have prominent syllables.

6 doing   (in // doing a <u>HOL</u>iday job //)
7 district   (in // she didn't <u>KNOW</u> the district //)
8 know   (in // perHAPs they'd know <u>THERE</u> //)
9 left   (in // and TOOK the left <u>TUR</u>ning // where she'd <u>SAID</u> //)
10 on   (in // the FIRST street on the <u>LEFT</u> //)

1.9

We left Elizabeth ringing the bell at the door of the pub. Read her account below of what happened next. Only the first two tone units have their intonation marked.

// there was NO <u>AN</u>swer // i RANG a<u>GAIN</u> // it was getting cold so i decided to

go back i should have come in the daytime this was hopeless i could be walking

about all night and never find market street i went back to where the shops were

it was raining hard and the precinct was deserted i felt very miserable . . .

Working on your own, decide how you would read it aloud. Mark your tone unit boundaries with //, and use circles to mark your prominent syllables (remember there may be one or two of these in a tone unit). It may help if you look back at Task 1.8.

Read out to a partner the script you have prepared and listen to your partner reading her or his script.

 Compare your version with the one on the cassette.

Finally, take turns with your partner in continuing the story. Add one tone unit at a time.

Part 2

Listening to sounds

In this course we shall be concerned mainly with the pronunciation of tone units, not with the pronunciation of separate words. This will apply even when we give attention to the particular sounds (the vowel and consonant sounds) that make up the tone unit. The way we pronounce these sounds often depends upon where they occur in the tone unit. In Part 2 of most units we shall select particular target positions of sounds for attention, and we shall be specially concerned with whether the sound is in a prominent syllable or not.

We have already mentioned one reason for this. The purpose of prominence is to direct listeners to the part of the message they must pay special attention to: it is usually better, therefore, for the speaker to give attention to prominent syllables as well. If you wished to say:

// i PASSED some <u>SHOPS</u> //

and made a very obvious effort to get the right vowel sound in the non-prominent syllable 'some', you would run the risk of making this syllable prominent:

// i PASSED <u>SOME</u> shops //.

The unintended movement of the prominence would probably distract your listener more than a slightly non-English vowel sound would do.

Every prominent syllable contains a vowel sound. They are either **simple vowels** or **diphthongs**.

Target position 1
Vowels in prominent syllables

Simple vowels: // the B**U**S <u>ST**O**PPED</u> //

Diphthongs: // BR**I**GHT <u>L**I**GHTS</u> //

I.IO

Listen to these tone units and repeat them.

1 // i HUrried a<u>CROSS</u> // and TURNed into an <u>A</u>lleyway // and STARted to

<u>WA</u>LK // it was <u>DA</u>RK // and <u>DRIZZ</u>ling a little //

All the vowel sounds here are simple vowels. The vowel in the prominent syllable of 'STARted' is very similar to that in 'DARK'. All the others are different from each other. We can begin a table like this:

VOWEL TYPE

1	2	3	4	5
HUrried	aCROSS	TURNed	Alleyway	STARted DARK

6	7	8	9
WALK	DRIZZling		

Listen to these tone units and continue the table, using the vowels in the prominent syllables. (*Remember: do not include vowels from syllables that are not prominent.*)

2 // i WENt through an ARCHway // and INto another STREET // it was ONE

of those pedestrian PREcincts // with CONcrete BENches // to SIt on // and

CONcrete TUBS // for PLANTS // but the BENches were WET // it was WINter

// and there WASn't a PLANT // to be SEEN //

It is sometimes necessary to use the symbols of a 'phonetic' alphabet to represent sounds. When we need to represent these simple vowels, we shall do so like this:

dark /ɑ:/   turn /ɜ:/   alley /æ/   walk /ɔ:/   sit /ɪ/   went /e/   tubs /ʌ/
seen /i:/   concrete /ɒ/.

(Be warned that there are a number of different alphabets in use and this can sometimes lead to confusion.)

1.11

Read these examples and then, with a partner, write the phonetic symbols for as many of the vowels in the prominent syllables as you can. Circle the vowels in the prominent syllables for which you do not yet have a symbol. Listen to the cassette again if you need to.

1 i PASSED some <u>SHOPS</u> // BRIGHT <u>LIGHTS</u> // and <u>BAR</u>gains // and FAshionable <u>DRE</u>sses // on PLAStic <u>FI</u>gures // <u>VI</u>deos and // <u>FRI</u>dges // and HUNdreds of <u>SHOES</u> // at GIVEaway <u>PRI</u>ces // LEFtover <u>GIF</u>t wrapping // and <u>HO</u>lly // and <u>SNOW</u>men //

2 the LASt of the <u>SHO</u>p assistants // was JUST closing the <u>DOORS</u> // COULD she <u>TELL</u> me please // where <u>MAR</u>ket street was // . . . // she THOUGHT there was a <u>PUB</u> // in the FIRST street on the <u>LEFT</u> // perHAPs they'd know <u>THERE</u> //

> There are two new simple vowels in this exercise:
>
> 1 the first prominent syllable of // COULD she <u>TELL</u> me please //, symbol /ʊ/;
>
> 2 the last prominent syllable of // and HUNdreds of <u>SHOES</u> //, symbol /uː/.
>
> The sounds in // BRIGHT <u>LIGHTS</u> //, // . . . <u>PRI</u>ces //, // <u>SNOW</u>men // and // . . . <u>THERE</u> // are not simple vowels. They are diphthongs.

1.12

Working with a partner, listen to these examples and repeat them, paying particular attention to the vowel in the last prominent syllable in each one.

1 // we'd GOT to the <u>TER</u>minus // and EVeryone got <u>OUT</u> //

2 // LEFtover <u>GIF</u>t wrapping // and <u>HO</u>lly // and <u>SNOW</u>men //

Repeat the activity, this time watching your partner's lips when she or he produces these two sounds. On the evidence of what you see, try to describe how they differ from all the other vowels in the examples.

> Diphthongs differ from simple vowels in that they require you to alter the position of some or all of your speech organs as you produce them. You begin as if you were going to make one sound and end by making another. In both of the diphthongs in Task 1.12 it is fairly easy to see some of the movement: the speaker's lips begin in a relaxed position but end rounded and thrust forward. Not all diphthongs are so obvious to the eye as this, but their general characteristic is that the tongue moves from one position to another, and if you concentrate on what you are doing, you can always feel this happening.

1.13

In the prominent syllables of nearly all the following tone units, there is one simple vowel and one diphthong. Listen and repeat each tone unit carefully.

Circle each prominent syllable which has a diphthong. The first is done for you. One tone unit does not have one simple vowel and one diphthong. Which is it?

1 // EVeryone got (OUT) //

2 // she WASn't sure WHERE //

3 // it was TOO LATE //

4 // there were STREET LIGHTS //

5 // NO CARs admitted //

6 // she was just CLOsing the DOORS //

7 // she'd NO iDEA //

8 // perHAPs they'd know THERE //

9 // i WENT round to a SIDE door //

10 // it was just HALF past FIVE //

11 // she was emPLOYED there during the HOlidays //

1.14

Using the examples you have found in Tasks 1.12 and 1.13, build up a table of diphthongs like this:

DIPHTHONG TYPE

1	2	3	4	5	6	7
OUT	SNOWmen					

Diphthongs are represented by two symbols together. For those in Task 1.11 we use:

LATE /eɪ/   OUT /aʊ/   NO /əʊ/   emPLOYED /ɔɪ/   LIGHTS /aɪ/
where /eə/   iDEA /ɪə/

Take care that you do not give both parts of the diphthong the same emphasis. If you give the first part the emphasis that you would normally give to the vowel of a prominent syllable, and then allow the second part to fade away, you will get the right sound.

1.15

While working through this unit, you will have found that many of the vowels and diphthongs present no problems for you, but you may have found that there are some that you need to practise. If so, decide which they are, then turn to Exercises 1–18 in the Appendix (on pp. 138–41). *Remember always to practise the sound in a complete tone unit and to concentrate upon the prominent syllables.* The exercises are recorded on the cassette at this point. Find those examples that you need or, if you do not need any, wind on to Unit 2.

Summary

1 Instead of thinking of speech as a sequence of 'words' – as we are inclined to do when examining the written language – we can think of it as a sequence of **tone units**.

2 Each tone unit is a separate parcel of information which we present to the listener, and the way we arrange our information in parcels is important if we are to be readily understood.

3 Each tone unit has either one or two **prominent syllables**, and prominent syllables are placed in such a way as to draw the listener's attention to particular words.

4 When you find it necessary to practise particular sounds, it is better to begin by targeting those that come in prominent syllables. All the simple vowels except /ə/ and the diphthongs can be found in prominent syllables.

2 **Help!**

Part 1

Listening for meaning

Mandy has arrived in a strange town and does not know how to get to her friend David's house. She telephones David for directions. Listen to their telephone conversation and follow David's directions on the map below.

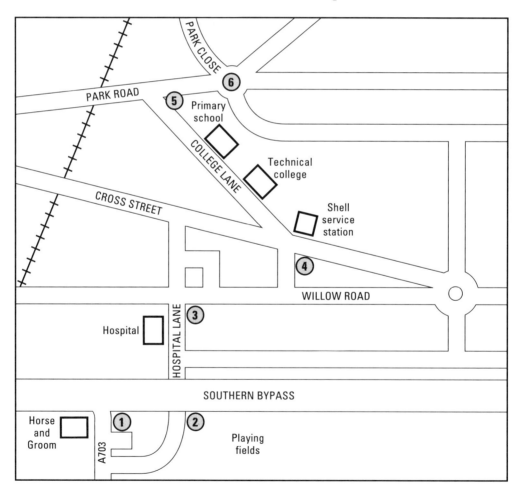

The numbers on the map represent different places along Mandy's route. At each of these she is told to do something or look out for something. Working with a partner, listen again and imagine you are Mandy. Fill in the table below with the places, and what you are to do at each one.

	Place	Directions
1	Cul de sac	Don't turn here.
2		
3		
4		
5		
6		

Listening to intonation

2.1

At one point, Mandy says something like this:

1 // AH // so it's HOSpital <u>LANE</u> // i've been ASking for hospital <u>ROAD</u> // and they said there <u>IS</u>n't one //

Listen to the tone units above. Notice that they are very similar to those you heard in Unit 1.

Listen to some more tone units from the conversation, and see if you can spot ways in which they are different from those in (1).

2 // you FOllow the road <u>ROUND</u> // and there's an <u>UN</u>derpass // to TAKE you <u>UN</u>der // the <u>TRUN</u>k road //

Listen again and compare these two tone units:

3 // and there's an <u>UN</u>derpass // to TAKE you <u>UN</u>der //

with these two:

4 // you FOllow the road <u>ROUND</u> // . . . // the <u>TRUN</u>k road //

Listen as many times as you need to be sure you can hear the difference.

In the cases of 'UNderpass' and 'UNder', the speaker starts on a comparatively high note and moves downward to a comparatively low one; that is to say, these are **falling tones**, similar to those we encountered in Unit 1. In the cases of 'ROUND' and 'TRUNk road', the pitch movement is upward from a comparatively low level: these are **rising tones**.

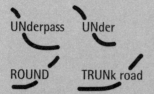

UNderpass   UNder

ROUND   TRUNk road

In this unit we shall look at both these tones, and at what they mean. We can show what kind of tone the tone unit has by placing a small arrow right at the beginning, after the boundary symbol. We have already said that the syllable at which the rise or the fall begins is marked by underlining:

// ↗ you FOllow the road ROUND // ↘ and there's an UNderpass // ↘ to TAKE you UNder // ↗ the TRUNk road //.

Remember that the arrow refers to what happens *in and after the tonic syllable, that is to say the last prominent syllable in the tone unit.* So, the arrow in:

// ↗ you FOllow the road ROUND //

means that when you come to the next underlined syllable ('round'), a rising tone begins.

2.2

Listen to these slightly different instructions. Put an arrow at the beginning of each tone unit to show whether the tone is rising or falling.

1 //   you must TURN RIGHT //   and you'll see a MIni ROUNdabout //
and you want the FIRST EXit //

2 //   you must TURN RIGHT //   THEN you keep GOing //   unTIL
you COME //   to a MIni ROUNdabout //   and ON the ROUNdabout //
you want the FIRST EXit //

Can you think of any reason why certain tone units have rising tones in these examples?

2.3

Listen again to the kind of thing that was happening near the end of Mandy and David's conversation. Use arrows to show what kind of tone is used in each tone unit.

MANDY: // now LET me see if i've got it <u>RIGHT</u> // i need the RIGHT hand <u>LANE</u> //

DAVID: // <u>YES</u> // RIGHT hand <u>LANE</u> //

MANDY: // <u>YES</u> //

DAVID: // by the SHELL <u>SER</u>vice station //

MANDY: // <u>YES</u> //

DAVID: // COLLege <u>LANE</u> //

MANDY: // <u>YES</u> // PASt the <u>TECH</u>nical college //

DAVID: // PASt the <u>TECH</u>nical college // PASt the <u>PRI</u>mary school //

MANDY: // <u>YES</u> //

DAVID: // anOther <u>JUNC</u>tion //

MANDY: // <u>YES</u> //

DAVID: // PARK <u>ROAD</u> // TURN <u>RIGHT</u> //

MANDY: // <u>YES</u> // take the FIRST <u>EX</u>it //

DAVID: // FIRST exit at the mini <u>ROUN</u>dabout //

MANDY: // and THAT'S park <u>CLOSE</u> //

DAVID: // THAT'S <u>IT</u> //

Notice that, with the exception of the last two, all the tone units have a rising tone. Working in pairs, take the parts of Mandy and David, and read the conversation. Take care to get the prominences in the right place and to use rising tones wherever they use them.

Can you now suggest why there are so many rising tones in this part of the conversation?

2.4

Listen again to the kind of intonation you heard in Unit 1, where all the tone units have falling tones, not rising ones.

// ↘ the STREET was <u>EMP</u>ty // ↘ Even the <u>BUS</u> driver had gone // ↘ i HUrried a<u>CROSS</u> // ↘ and TURNed into an <u>A</u>lleyway // ↘ and STARted to <u>WALK</u> // it was <u>DARK</u> // ↘ and <u>DRIZZ</u>ling a little //

Why do you think the tones are so different in this extract from those in the previous one?

> In Unit 1, the speaker makes nearly everything sound new. Each tone unit gives us one more bit of information about her experience: she tells us, step by step, of the emptiness of the street, the departure of the bus driver, the crossing of the road, and so on. Using falling tones for each instalment shows that we are not expected to know about any of these things in advance.
>
> Mandy and David, in the above extract, are in a different situation. They have reached the point in their conversation where they are both supposed to know the way to 27 Park Close. David, naturally, knows the way because he lives there! And Mandy has now been told. They are just checking to be sure that the information *she* now has is the same as that which *David* gave her. There is nothing new in what either is saying. They are only going over ground they have covered already and establishing that they both see things in the same way. A rising tone is used to show that no new information is changing hands.

2.5

Listen to these instructions, and try to decide which tone units have rising tones. Mark them in.

1 //   come OUt of the <u>CAR</u> park //   and TURN <u>RIGHT</u> //

2 //   AFter a little <u>WHILE</u> //   you'll see a TURning on your <u>LEFT</u> //

3 //   I'M <u>SO</u>rry //   it's the <u>SE</u>cond turning //   it's <u>NOT</u> //   the <u>FIRST</u> //   so that's the <u>SE</u>cond turning //   on your <u>LEFT</u> //

4 //   and if you GO round <u>THERE</u> //   you'll see some <u>PLAY</u>ing fields //   on your <u>RIGHT</u> //

Think why the first tone unit in (1) has a rising tone. If Mandy wants to get to David's house, she knows already that she can't stay in the car park! David tells her nothing new when he says 'Come out', etc. Can you explain each of the other rising tones in these examples?

Listen again and repeat the instructions, making sure you get the prominent syllables and the tones right.

22

2.6

Before you listen to this task, study the transcript below. Working with a partner, try to decide which of the tone units will have rising tones and which falling. Use arrows to show what you think the tone in each tone unit will be.

Read your version aloud before and after listening to the version on the cassette.

// the THING to look OUT for // is the PLAYing fields // and SOON after you've PASSED them // you'll GO under an UNderpass // AFter THAT // HANG ON // you'll BE in hospital LANE // you'll KNOW // it's hospital LANE // because of the HOSpital // it's a BIG vicTOrian building // on your LEFT // and at the ENd of THERE // you'll COME to some TRAffic lights //

> Remember that the tone begins in the last prominent syllable in the tone unit and ends at the end of the tone unit. This means that it can extend over one word or over several:
>
> it's the   TRAffic
>
> it's a NEW de   VElopment area
>
> it's NOT very   FAR
>
> at   THIS time of day

2.7

Listen to this short piece of conversation.

1 MOTORIST: Excuse me. I'm looking for the technical college. Can you help me?
   PASSER-BY: // i THINK the place you're LOOking for // is in COllege LANE // it's a RIGHT TURN // by the SHELL station //

One of the tone units in the reply has a rising tone. Why?

Listen to some more questions. After each one, stop the cassette and say the answer with suitable tones. Then compare your answer with the one on the cassette.

2 A: . . . and what about the primary school? Is that in the same road?

   B: // you'll FIND <u>THAT</u> // on the SAME side of the <u>ROAD</u> //

3 A: Can I take this road here?

   B: // i'm aFRAID <u>NOT</u> // if you GO down <u>THERE</u> // you WON'T get Anywhere // it's a <u>CUL</u> de sac //

4 A: I suppose I can't go through the town?

   B: // well the PROBlem <u>IS</u> // there are <u>ROAD</u>works // there's a LOt of conGEStion // in the <u>CEN</u>tre //

5 A: I couldn't find College Lane on my map.

   B: // <u>NO</u> // i THINK the map you've <u>GOT</u> // MUST be an <u>OLD</u> one // COllege <u>LANE</u> // is in the NEW de<u>VE</u>lopment area //

6 A: Is it far?

   B: // aBOUt a <u>MILE</u> // it's NOT very <u>FAR</u> // it's the <u>TRA</u>ffic // that's the BIggest <u>PROB</u>lem // at THIS time of <u>DAY</u> //

2.8

Practise each of these examples, using a falling or rising tone as indicated. Then compare your versions with those on the cassette.

1 // ↘ SOme of them are <u>CLOSED</u> //

2 // ↘ SOme of the <u>STREET</u>s are closed //

3 // ↘ ONly <u>SO</u>me of them are closed //

4 // ↘ but ONly <u>SO</u>me of the streets are closed //

5 // ↗ AFter the <u>HOS</u>pital // ↘ TURN <u>RIGHT</u> //

6 // ↗ AFter you've <u>PASS</u>ed it // ↘ TURN <u>RIGHT</u> //

7 // ↗ AFter you've <u>PASS</u>ed the hospital // ↘ TURN <u>RIGHT</u> //

8 // ↗ and SOON <u>AF</u>ter you've turned right // ↘ you'll see a MIni <u>ROUN</u>dabout //

HOW DOES IT HELP?

When you are telling someone something (such as how to find their way), some parts of what you say have a special significance: when listeners hear them, *they know something that perhaps they didn't know before.* Other parts have a different kind of significance: they fill in the background that *you think the listener already shares with you.* When David says:

// ↘ until you come to a MIni ROUNdabout // ↗ and ON the ROUNdabout // ↘ you want the FIRST EXit //

only the first and last tone units will sound like news to Mandy. The second tone unit (with rising tone) refers to something that he has already mentioned and which has therefore become shared background.

It is of great help to the listener to have the 'news' spoken in a different way from the parts which refer to common ground. One of the main uses of intonation is to enable you to make this helpful distinction. One of the advantages of speaking in tone units is that it enables us to present each step forward as either 'news' or 'not news'.

2.9

When Mandy gets to the junction at the end of College Lane, she finds that the right turn into Park Road has been blocked. She telephones David again to ask for new directions. Working with a partner, take the part of David and use the map on page 18 to give her another route from where she is now. Remember that when your instructions refer to ground Mandy has already covered, or to places she already knows about, you will use a rising tone. Then listen to a possible version on the cassette.

Part 2

Listening to sounds

> **Target position 2**
> **Sounds at the beginning of prominent syllables**
> Single consonants: // TELL me aGAIN //

2.10

Listen to these tone units and repeat them, paying special attention to the sounds that are targeted. (Remember that it is *sounds* we are concerned with, not *letters*. The letter combinations 'th' and 'sh' each stand for a single sound.)

≫→

1   // ↘ i'll GO over what you've <u>TOLD</u> me // ↘ i'm GOing to write it <u>DOWN</u> //

    ↗ the FIRST <u>TUR</u>ning // ↘ is a <u>CUL</u> de sac // ↗ i go PASt the <u>SE</u>condary

    school // ↗ i've DONE <u>THAT</u> bit // ↘ be<u>FORE</u> // ↗ PASt the <u>TECH</u>nical

    college // ↗ BY the <u>SER</u>vice station // ↘ and THAT'S where the <u>PAR</u>k is //

Notice that the consonant preceding the vowel in 'DOWN' is very similar to that in 'DONE'. We can begin a table of the different consonants we find in this position like this:

CONSONANTS AT THE BEGINNING OF PROMINENT SYLLABLES

1	2	3	4	5	6
GO GOing	TOLD				

7	8	9	10	11	12

Complete the table with the different consonant sounds in this target position in (1) above and with all the consonants in target positions in the tone units in (2).

2   // ↘ we'd GOT to the <u>TER</u>minus // ↘ it was <u>DARK</u> // ↘ there were CONcrete

    <u>BEN</u>ches // ↘ to <u>SI</u>t on // ↘ and CONcrete <u>TUBS</u> // ↘ i PASSED some <u>SHOPS</u>

    // ↘ with <u>VI</u>deos // ↘ and THINGS like <u>THAT</u> // ↘ i SAW someone closing

    the <u>DOORS</u> // ↘ of a <u>SHOE</u> shop // ↘ but SHE couldn't <u>TELL</u> me // ↘ she

    SAID she was <u>SO</u>rry // ↘ but she was a VIsitor here her<u>SELF</u> // ↘ but she

    <u>THOUGHT</u> // ↘ there was a <u>PUB</u> // ↘ in the FIRST street after the <u>PHONE</u>

    box // ↘ i could GO and ask <u>THERE</u> //

The symbols for the sounds you have just identified are:

GO /g/   TOLD /t/   DOWN /d/   FIRST /f/   CUL /k/   PASt /p/
SEcondary /s/   THAT /ð/   BY /b/   SHOPS /ʃ/   VIdeos /v/   THINGS /θ/.

2.11

Working with a partner, listen to these tone units and repeat them, paying special attention to how you make the target sounds /t/ and /d/.

1 // i've <u>DONE</u> that bit // be<u>FORE</u> // PASt the <u>TECH</u>nical college //

2 // we'd GOT to the <u>TER</u>minus // and it was <u>DARK</u> //

Can you describe the similarities and the differences between these two sounds?

> Notice first their similarities. Both /d/ and /t/ are made by placing the tongue in roughly the same position on the ridge behind the teeth. You cause pressure to build up behind the closure and then release it suddenly. But how do they differ? It is often said that /d/ is a **voiced** consonant while /t/ is **voiceless**. This means that some part of the sound /d/ is caused by a vibration of the vocal chords, rather like the vibration that produces vowel sounds. When you make the sound /t/ there is said to be no such voicing. Careful observation shows, however, that some sounds which are heard as /d/ do not actually have voicing, so this way of describing the difference is not entirely satisfactory. There are two other differences. The so-called 'voiceless' consonant is sounded with greater force than its 'voiced' counterpart; and in addition, when it occurs in our present target position, it is accompanied by **aspiration**. This means that there is a rapid escape of air from the mouth, something you can easily feel with your hand even if you cannot hear it. The corresponding 'voiced' sound is not aspirated in this way.
>
> If you find it difficult to make the distinction, it is best to experiment with all three of the differences we have mentioned to get a feel of the difference:
>
> | | | | |
> |---|---|---|---|
> | /t/ is | voiceless | more forceful | aspirated |
> | /d/ is | voiced | less forceful | not aspirated |
>
> Other pairs of sounds are related in a similar way.

2.12

The tables below have spaces for all the consonant sounds you encountered in Task 2.10. Fill in the spaces with the correct sounds. The sounds that belong in two of the spaces did not occur in Task 2.10. Can you say what they are?

Voiced	Voiceless
/d/	/t/
/g/	/ /
/ /	/p/
/ /	/ /

Voiced	Voiceless
/v/	/ /
/ /	/s/
/ð/	/ /

> The 'voiced' counterpart of /s/ is /z/ which can be heard in, for example:
>
> // WHAT was the re<u>SULT</u> //.
>
> The 'voiced' counterpart of /ʃ/ does not normally occur in this target position in English. We shall give attention to /ʒ/ in Unit 4.

2.13

Listen to these tone units and repeat them, paying special attention to the sounds /p/ and /s/ in the first, and to /k/ and /ð/ in the second.

1 // i go PASt the <u>SE</u>condary school //

2 // i COULd ask <u>THERE</u> //

These sounds can be grouped together like this:

Group 1	Group 2
/p/ /k/	/s/ /ð/

Can you say how the two sounds in Group 1 differ from those in Group 2?

> The sounds in Group 1 are **plosives**. This means that they are made by bringing together the tongue or the lips and some other part of the mouth in such a way as to hold up the escape of air completely for a short time. The closure is then released suddenly. Other sounds (like those in Group 2) are made by restricting the air flow at some point, but not actually stopping it. What is heard is the sound of the gradual release of air through a narrow gap. These are called **fricatives**. When a plosive sound occurs in Target Position 2, the sudden release of air leads immediately into the sound of the following vowel; a fricative, on the other hand can be lengthened for as long as you like before you move on to the vowel. It is sensible to speak of a 'long' or 'short' /s/ or /ð/ but not of a 'long' or 'short' /p/ or /k/. It is possible to pronounce 'there' without a break, like this : /ððð . . . eə/ but not to pronounce 'past' as /ppp . . . ɑːst/. You can pronounce 'secondary' as /sss . . . ekendrɪ/ but you cannot pronounce 'could' as /kkk . . . ʌd/.

2.14

Sort all the consonants you found in Task 2.10 into plosives and fricatives. Use the 'lengthening test' if necessary'.

Plosives	Fricatives
/p/ /k/ . . .	/s/ /ð/ . . .

2.15

If you have difficulty pronouncing any of the consonants covered in this unit, you may find that it helps to know what kind they are: whether voiced or voiceless, plosive or fricative. If you need more practice turn to Exercises 19–30 in the Appendix (on pp. 141–2) and listen to them. Remember always to practise using the complete tone unit and to fix your attention on the target sound.

Summary

1 The information we parcel up into tone units serves to further a speaker's purpose in either of two ways:
   a) It may refer to some part of the message about which a speaker and listener are both already aware; that is to say, it may make clear what the speaker assumes is already common ground between them.
   b) Alternatively, it may include information which is not yet shared. When we say we 'tell' someone something, we usually take that to mean that we have information that the other person doesn't yet have.
2 We show which of these two functions a tone unit has by using a particular **tone** (the technical name we give to the pitch movement that begins at the tonic syllable).
3 Most of the simple consonant sounds that English uses can be found, and practised if necessary, before the vowel of a prominent syllable.
4 Many of the difficulties that people have in making these sounds arise from what particular type they are: **voiced** or **voiceless**, **plosive** or **fricative**, and it often helps to pinpoint problems if this is recognised.
5 The consonants encountered in this unit are:

	Voiced	*Voiceless*
Plosive	/d/ /g/ /b/	/t/ /k/ /p/
Fricative	/ʒ/ /v/ /z/ /ð/	/ʃ/ /f/ /s/ /θ/

Part 1

Listening for meaning

When you meet an old friend, the conversation is often about the people and places you both used to know, and you like to find out about what has changed. Several years ago Tony left the office where Sue works, so when they happen to meet one day, there is a lot of catching up to do. Listen to part of their conversation.

Conversations like this can be a bit confusing for anyone who isn't in the know. For instance, it is sometimes difficult to keep track of the names of other people's friends! Working with a partner, complete the table below with what you can remember about each of the people mentioned in the conversation. Listen again if you need to.

Arthur	A senior member of staff who is rather secretive and set in his ways.
Jane	
Ted	
Mary	
Sarah	
Jane Harrison	
Angela	
John Fellows	

Listening to intonation

3.1

Listen to this extract from Tony and Sue's conversation and repeat it, paying special attention to the tones.

1 // you reMEMber that <u>FRIEN</u>d of his though // the <u>GUY</u> who came from

<u>LI</u>verpool // he ALways came on <u>FRI</u>days // and NObody quite knew <u>WHY</u> //

The tones here are not like the rising and falling tones we have encountered so far. Working with a partner, try to imitate them.

> In this part of the conversation, Sue is helping Tony to recall some details of their shared past. She has not yet reached the point of giving him news about their former colleague; she is just going over what they both already know about him – some facts that she assumes he will readily recognise once he is reminded of them. We saw in Unit 2 that when speakers are referring to common ground like this they often use a rising tone. What Sue actually uses, however, are **fall–rise** tones. For instance, in:
>
> // the GUY who came from <u>LI</u>verpool //
>
> the pitch falls in 'LI-' but then rises again at the end of the tone unit:
>
>
>
> . . . <u>LI</u>verpool.

Listen to how Sue continues:

2 // he had a nasty <u>AC</u>cident of some sort // in his <u>CAR</u> //

Which tone does she use now? Why?

> The falling tone in each of these tone units indicates that these do count as 'news'. Neither the fact that the acquaintance had an accident nor the fact that he was in his car at the time was thought to be known to Tony.

3.2

Listen to the fall-rise tones in these examples. Repeat each one, taking care with the tone and prominent syllables.

1 // ↘ but YOU know <u>AR</u>thur // ↘ he NEver <u>TELLS</u> you much //

2 // ↘ he's NOT very <u>HA</u>ppy about it though //

3 // ↘ but i DON'T recall a <u>MA</u>ry //

4 // ↘ i DON'T know what she's <u>DO</u>ing //

31

Working with a partner try to find reasons why none of these tone units has a falling tone. (Listen to the whole conversation again if you need to remember the context of each example.)

> In (1) above Sue knows perfectly well that Tony knows Arthur; and she assumes that anyone who did know him would be well aware that he was a secretive sort of person.
>
> In (2) Sue is assuming that no one who knew Ted would expect him to be very happy about being 'still there'. Perhaps they both know he's always been an ambitious person who was looking for a move to a better job.
>
> When Tony says, in (3), that he 'doesn't recall a Mary', he is virtually repeating something that he has already said, namely that he doesn't think Mary was there in his time. The information, therefore, is already common ground.
>
> (4) comes immediately after 'I haven't seen her [i.e. Jane] for ages', so it can be taken for granted that Sue doesn't know what she's doing.

Listen to some more of the conversation between Tony and Sue. They are talking now about changes that have been made to the way the offices are arranged. Listen particularly for tone units with fall-rise tones.

3.3

Before listening to the versions below, use arrows to show where you think Sue uses falling tones and where you think she uses fall-rises. Ask yourself what she thinks will be new to Tony and what she thinks will not.

1 //   you KNOW everything's <u>CHANGED</u> now //   the SEcond <u>FLOOR'S</u> //

    comPLETEly <u>DIFF</u>erent //

2 //   those THREE little offices that <u>WERE</u> there //   they've <u>GONE</u> //

3 //   you KNOW that horrible <u>CO</u>rridor we had //   and the little <u>ROOM</u> //

    where the <u>STOVE</u> was //   <u>THAT</u>'s all <u>GONE</u> //   it's all PLUSH

carpet and <u>EA</u>sy chairs down there //   <u>NOW</u> //

Compare your versions with those on the cassette, and repeat each example.

3.4

Do the same with this extract, in which Tony is trying to visualise what the second floor of the office was like when he worked there.

//   WAIT a <u>MI</u>nute //   there was the <u>POST</u> room //   and then there was

<u>AR</u>thur's place //   and there was the <u>PHO</u>tocopying room //   WHERE's

<u>AR</u>thur //   <u>NOW</u> //

When you check, you may find that you have sometimes used a rising tone instead of a fall-rise or vice versa. If this happens, try to be sure that you can tell the difference and that you can produce both.

There are two different tones which you can use when you want to say that what you are saying is not news: a rise and a fall-rise. Both of these tones tell your listener the same thing: that the tone unit refers to a part of the message that you both know about already. For this reason we call them both **referring tones**. The effect of both of them is different from that of the falling tone, which, as we have seen, advises your listener to treat the tone unit as part of the message that is not yet shared. The falling tone is a **proclaiming tone**.

The three tones we have encountered so far are related like this:

Proclaiming tone	falling ↘
Referring tones	rising ↗
	fall-rise ↘↗

HOW DOES IT HELP?
You may be wondering what purpose is served by having two different ways of achieving a similar effect. Why are the rising tone and the fall-rise both used to refer to parts of the message that are not news? Does it matter which we use? We shall not try to answer these questions until Unit 5. If you think of it as you go along, however, you may begin to form some ideas of your own. Meanwhile, if you produce a rise when you intend a fall-rise, or vice versa, don't be too concerned about it.

3.5

Listen to this short conversation.

1 A: Can I help you?

B: // ↘ WELL // ↘↗ WHAt i'm ACtually looking for // ↘ is MARket street //

Why do you think the second unit has a referring tone?

If someone offers you help when you are obviously lost in the street, you will usually take a question like 'Can I help you?' to mean 'What are you looking for?' The second tone unit in the reply simply refers to the assumed meaning of the question that has just been asked.

Listen to some more short conversations. Stop the cassette after each question and say the answer, paying special attention to where you use a falling tone and where you use a fall-rise. Then compare your answer with the one on the cassette.

2 A: How can I avoid the centre of town?

B: // WELL // WHAt i suGGEST // is that you USE the RINGroad //

≫→

3 A: So where's Jane now?

B: // if I remember coRRECtly // she's LIving somewhere in <u>KENT</u> //

4 A: And where's Arthur's room now?

B: // <u>OH</u> // ALL the <u>SE</u>nior staff // are on the <u>GROUND</u> floor //

5 A: I really must look in sometime.

B: // I think <u>FRI</u>day's // the <u>BEST</u> time // IF you want to catch tom <u>IN</u> //

REMEMBER:
both the falling and the fall-rise tones start high. There may be a step up to the starting point:

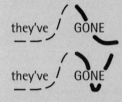

In this way they differ from the rising tone, which starts low. There may be a step down to reach the starting point:

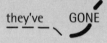

3.6

Tony says he can't really remember how the top floor used to be arranged. Imagine you are Sue telling him exactly where Arthur's room was. You begin with the stairs: surely he can remember those! Listen to these two tone units.

1 // ↗ at the TOp of the <u>STAIRS</u> // ↘ was the <u>CO</u>ffee room //

Stop the cassette and repeat the first tone unit, giving careful attention to the fall-rise tone.
Listen to the first tone unit again.
Say both tone units.
Listen to both tone units.

Follow the same procedure with these examples.

2 // ↗ and Opposite <u>THAT</u> // ↘ was the <u>PHO</u>tocopying room //

3 // ↗ JUST beyond <u>THERE</u> // ↘ was the <u>POS</u>t room //

4 // ↗ and <u>AR</u>thur's room // ↘ was about THREE doors a<u>LONG</u> //

34

Finally, say all the examples in succession, like this.

5 // ↗ at the TOp of the <u>STAIRS</u> // ↘ was the <u>CO</u>ffee room // ↗ and Opposite

<u>THAT</u> // ↘ was the <u>PHO</u>tocopying room // ↗ JUST beyond <u>THERE</u> // ↘ was

the <u>POS</u>t room // ↗ and <u>AR</u>thur's room // ↘ was about THREE doors

a<u>LONG</u> //

Remember that you can spend as much time as you need to plan ahead, provided you do it between one tone unit and the next. Now listen to the complete sequence.

3·7

Someone wants to borrow a book, but you have left it in your office. You have to give them instructions about exactly where to find it. Work with a partner and practise this conversation, using the transcript to help you with the intonation. Your partner should use rising or falling tones as indicated.

A: // ↗ you KNOW where my <u>ROO</u>m is //

B: // ↗ <u>YES</u> //

A: // ↗ <u>WELL</u> // ↗ im<u>ME</u>diately <u>FA</u>cing you // ↗ when you go <u>IN</u> // ↘ you'll see

a <u>CUP</u>board //

B: // ↗ o<u>KAY</u> //

A: // ↗ and in <u>THERE</u> // ↘ you'll see a <u>TIN</u> //

B: // ↘ WHAT <u>KIN</u>d of tin //

A: // ↘ it's a sort of <u>FLAT</u> tin // ↗ i <u>THINK</u> it says // ↘ <u>THROAT</u> pastilles //

↘ on the <u>LID</u> // ↗ and if you LOOk in<u>SIDE</u> // ↘ you'll find a <u>KEY</u> // ↘ to the

<u>BOOK</u>case //

B: // ↗ <u>RIGHT</u> //

A: // ↗ and on the SEcond <u>SHELF</u> // ↘ you'll FIND what you're <u>LOO</u>king for //

B: // ↘ THANKS a <u>LOT</u> // ↘ i'll GO and <u>GET</u> it //

Take it slowly, attending to one tone unit at a time to begin with. Change roles from time to time and continue to work on it until you can go through the whole conversation with ease. Then listen to a version of it on the cassette.

Still working with your partner, make sure you can give a reason for each of the fall-rise tones.

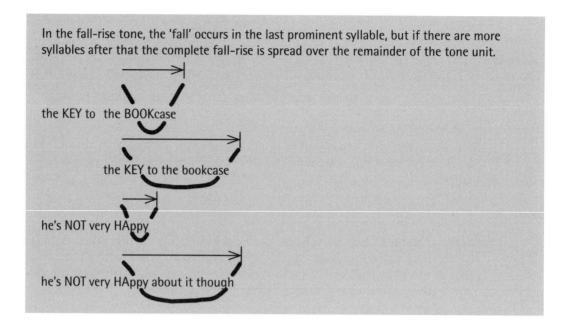

In the fall-rise tone, the 'fall' occurs in the last prominent syllable, but if there are more syllables after that the complete fall-rise is spread over the remainder of the tone unit.

the KEY to the BOOKcase

the KEY to the bookcase

he's NOT very HAppy

he's NOT very HAppy about it though

3.8

Listen to these pairs of examples and repeat them, paying special attention to what happens after the last prominent syllable.

1 // ⤵ you reMEMber his <u>FRIEND</u> //

   // ⤵ you reMEMber that <u>FRIEN</u>d of his //

2 // ⤵ and THEN there was <u>AN</u>gela //

   // ⤵ and THEN there was <u>AN</u>gela of course //

3 // ⤵ you reMEMber the <u>CO</u>ffee room //

   // ⤵ you reMEMber where the <u>CO</u>ffee room was //

4 // ⤵ was THAT near the <u>PHO</u>tocopying room //

   // ⤵ was <u>THAT</u> near the photocopying room // ⤵ as <u>WELL</u> //

3.9

Cast your mind back to what happened to Elizabeth in Unit 1. Working with a partner, try to reconstruct her journey from the bus stop towards Market Street. Since you will both have similar memories to draw upon, the activity will be rather like that of Sue and Tony when they were recalling former days at the office. You are therefore likely to make considerable use of fall-rise tones.

Part 2

Listening to sounds

Target position 3
Sounds at the end of prominent syllables which are also at the end of tone units

Simple vowels: // LET me **SEE** //

Diphthongs: // i'll GO straight a**WAY** //

3.10

Listen to these tone units and repeat them, paying special attention to the vowel in the last prominent syllable.

1 // LET me <u>SEE</u> //
2 // it's on the SEcond <u>FLOOR</u> //
3 // he was DRIving his <u>CAR</u> //
4 // NObody <u>KNEW</u> //
5 // WHICH do you pre<u>FER</u> //

What do all these final vowels have in common?

English vowels are often said to be **long** or **short**. The length of a so-called 'long' vowel is actually very variable and it can depend upon where in the tone unit it occurs. 'Long' vowels are most obviously long when they occupy Target Position 3. All simple vowels that occupy this position are long.

Length is never the only difference between two sounds. The vowels /iː/ and /ɪ/, for instance, which are sometimes said to be long and short versions of an otherwise similar sound, actually have differences other than length.

3.11

Listen to these tone units and repeat the final diphthongs in them. Like the simple vowels in Task 3.9, these also have *length*. Remember, though, that as we said in Unit 1, the second part of the diphthong is given less emphasis than the first part.

1 // i'll go STRAIGHt a<u>WAY</u> //
2 // i'll TELL you where to <u>GO</u> //
3 // i WASn't sure <u>WHERE</u> //
4 // she'd NO i<u>DEA</u> //
5 // i DON'T know <u>HOW</u> //
6 // WHERE's the <u>BOY</u> //

> **Target position 2 (contd.)**
> **More sounds at the beginning of prominent syllables**
>
> // GOOD <u>L</u>ORD // <u>A</u>RE you //
>
> // <u>Y</u>ES //

3.12

In Unit 2 we made lists of some plosive and fricative consonants that occur in this target position. Listen to this extract from the telephone conversation in Unit 2 and circle all the consonants which occur in a similar position but which were not included in those lists.

(Mandy has told David that she is telephoning him from a pub called 'The Horse and Groom'.)

DAVID: // GOOD <u>LORD</u> // <u>ARE</u> you //

MANDY: // <u>YES</u> //

DAVID: // you're <u>MILE</u>s away //

MANDY: // i <u>KNOW</u> i'm miles away //

DAVID: // <u>RIGHT</u> // <u>NOW</u> // you WANT to know how to <u>GET</u> here i suppose //

MANDY: // well i <u>DO</u> //

Symbols for these additional consonants are:

LORD /l/   YES /j/   MILES /m/   KNOW /n/   RIGHT /r/   WANT /w/

These sounds are more difficult to neatly categorise than the plosives and fricatives. Their technical names are:

nasals	/m/ /n/
laterals	/r/ /l/
approximants	/w/ /j/

Although there are good reasons for arranging them in three small groups like this, they have one thing in common: the speech organs are so arranged that there is an unrestricted outlet for the air somewhere. In the case of the nasals it is through the nose. In the case of the laterals it is on either side of the tongue. The approximants are rather similar to vowels in the way they are produced. In this course, we shall often want to refer to them all together and shall do so by calling them **NLA** consonant sounds.

Notice that the NLA consonants are more like fricatives than plosives in one respect: they can all be sustained for as long as you have enough breath to continue them, that is to say, they are **continuants**. One way of grouping all the consonants met so far, therefore, is as follows:

Continuants	Fricatives
	N L and A
Plosives	

3.13

For more practice of NLA sounds before the vowel of a prominent syllable turn to Exercises 31–6 in the Appendix (on p. 143). If you have no difficulty with these, wind on to Task 3.14.

3.14

Decide whether the final vowel of each of these tone units is a long vowel or a diphthong. Remember to speak each tone unit aloud. Then listen to them and repeat them.

1 // she DIDn't <u>KNOW</u> //

2 // you'll NEEd a <u>KEY</u> //

3 // he ASKED for <u>MORE</u> //

4 // i'm GOing to <u>TRY</u> //

5 // you must ASK the <u>BOY</u> //

6 // it's a LONG way a<u>WAY</u> //

7 // is it <u>FAR</u> //

8 // ALL this is <u>NEW</u> //

9 // IS he still <u>THERE</u> //

We have said that all vowel sounds in this target position are simple long vowels or diphthongs. For many native speakers, this is all we need to say. Others, however, often continue the sound after completing the vowel or diphthong, and produce something that approaches one of the NLA consonants. The extra sound may be shadowy and barely perceptible or it may be very clearly pronounced. Such a pronunciation is often suggested by the spelling. You may hear something like:

i'll GO straight a<u>WAY</u>   /weɪj/
i'll TELL you where to <u>GO</u>   /gəʊw/
he ASKED for <u>MORE</u>   /mɔːr/

Many of these pronunciations are standard among speakers of English in Scotland, in parts of the United States and elsewhere. Whether you follow the practice or not depends upon which variety you use, but in either case you should be prepared for the speech you hear sometimes to have, and sometimes not to have, the final consonant.

3.15

Listen to the tone units from Task 3.14, this time spoken by someone who often produces a final NLA sound. Then try saying them both with and without a final /w/, /j/ or /r/. Make up your mind which you find easier and try to use it consistently.

3.16

If you find particular vowels or diphthongs difficult in Target Position 3, turn to Exercises 37–8 in the Appendix (on p. 144) and listen to them.

Summary

1 We often use a fall-rise tone when the tone unit refers to information that we think is already shared by our listener.

2 Both the **fall-rise** and the **rising tones** enable us to make clear that we are making this kind of reference instead of proclaiming some part of the message as *not* shared.

3 There is a difference in the effect we produce by using one or other of the **referring tones,** but we have been concerned in this unit only with their similarity.

4 The length of so-called 'long' vowels and of diphthongs varies quite considerably. They fit their description most reliably when they occur in a prominent syllable at the end of a tone unit.

5 In this position some speakers find it easier if they produce a further sound after a vowel or diphthong from what we call in this course the **NLA group.**

UNIT ④ Finding out or making sure?

Part 1

Listening for meaning

This unit does not begin with a long recorded passage. Instead it contains two short conversations of kinds that you may very well find yourself engaged in.

CONVERSATION 1

This takes place in a bookshop. A customer has been unable to find the book he wants and goes to the counter to get help. Make a list of all the facts that you think would have helped him find the book. Then listen and find out how many of these facts he actually knows.

Listening to intonation

4.1

Listen to these extracts from the conversation and repeat them.

1 //   is THAT the <u>TIT</u>le //

2 //   it ISn't the title of a <u>NO</u>vel //

3 //   you've LOOKed in the bi<u>OG</u>raphy section //

4 //   is THAT near the <u>MAP</u>s and things //

What tone was used in all these extracts? Use arrows to indicate what it was. Can you suggest why this particular tone is used in each of these tone units?

In these examples we have met a second situation in which a referring tone is used. In Units 2 and 3, when the speaker was **telling** something, it meant that this part of the message would not be new to the hearer. But in this unit, the speaker is **asking**, and the meaning of the referring tone is something like this: the speaker expects that *what the other person will say in reply will not be new to the speaker.*

When the assistant asks 'Is that the title?' she expects that the answer will be 'Yes' because people usually refer to books by their titles. But there is a small possibility that 'A Life of Arnold' will refer to what the book is about instead of what it is called. Before going any further she wants to **make sure** he has understood correctly. Later, she wants to make sure

41

the customer has already looked in the obvious place, the biography section, but then – as an afterthought – makes sure that she is right in thinking it is a biography, and not a novel. The customer thinks he has looked in the biography section, but makes sure that he has got the right place before saying 'Yes'.

'Making sure' means checking on what you already believe to be the case. You use a referring tone because you do not expect that any new information will change hands. You may have noticed that all these examples have a fall-rise tone, not a rising tone. We will look into the reasons for this in Unit 6.

4.2

Listen to some 'making sure' enquiries that might be heard in a bookshop and repeat them.

1 // ↘↗ i suPPOSE you don't know who the <u>PUB</u>lisher is //

2 // ↘↗ it IS in <u>PRINT</u> i assume //

3 // ↘↗ WOULD you like me to <u>OR</u>der it for you //

4 // ↘↗ IS it the <u>PA</u>perback edition you want //

CONVERSATION 2

This occurs at the enquiry office at a railway station. A woman finds that the York train that she intended to catch has been cancelled. She asks what other trains are available. Listen and compile a list of all the information she is given. Compare your list with a partner's.

4.3

Listen to how some of the questions in the conversation were spoken, and repeat them.

1 //   WHEN were you hoping to <u>TRA</u>vel //

2 //   and WHEN does it get to <u>YORK</u> //

3 //   perHAPs i could go by a<u>NO</u>ther route //

4 //   HOW much <u>LU</u>ggage do you have //

5 //   but WHAt about my <u>TI</u>cket //

What tone is used in these examples? Use arrows to indicate what it is. Can you suggest why?

In these examples we have a second situation in which a proclaiming tone is used. In Unit 1, when the speaker was **telling** something, it meant that this part of the message, said with a proclaiming tone, would probably be something new to the listener. If we use a proclaiming tone when we are **asking**, we expect that the **reply** will be new to us. We use proclaiming tones to **find out** rather than to make sure. The enquiry clerk needs to find out whether the traveller has a lot of luggage because if she has she probably won't want to change trains. The traveller wants to find out which platform to go to. She also wants to find out whether there is an alternative route, and if so whether she can use the ticket she has already bought.

4·4

Listen to some 'finding out' enquiries that you might need at a railway station and repeat them.

1 // ↘ IS there a <u>BU</u>ffet on the train //

2 // ↘ HOW long must i wait in <u>MAN</u>chester //

3 // ↘ WILL the trains be running normally to<u>MOR</u>row //

4 // ↘ did you want <u>SIN</u>gle or re<u>TURN</u> //

5 // ↘ WHEN were you thinking of coming <u>BACK</u> //

6 // ↘ WHERE'S the nearest <u>TE</u>lephone please //

How do you decide whether you should 'find out' or just 'make sure'? The general answer to this question is that it depends on whether you already have expectations about the reply. If you say:

// ↘ IS there a <u>BU</u>ffet on the train //

you are indicating that you have no advance knowledge; but if you know that there are normally buffet cars on trains on this route, you might say:

// ↘↗ IS there a <u>BU</u>ffet on this train //.

4·5

Listen to these enquiries. They are identical, except that one has a referring tone and the other a proclaiming tone.

1 // ↘↗ IS there an <u>EAR</u>lier train // (I expect there will be)

   // ↘ IS there an <u>EAR</u>lier train // (I need to know before deciding what to do)

Working with a partner, say each of the tone units in (2)–(6) overleaf as:

a) a 'making sure' enquiry, using a fall-rise tone;
b) a 'finding out' enquiry, using a falling tone.

Vary the order of (a) and (b). Your partner should be able to tell you which kind of enquiry you are making.

2 (At the station) // HAVE you got a TIcket //

3 (At the bookshop) // IS it exPENsive //

4 (On the telephone) // is THAT DAVid //

5 (At the library) // COULD i BOrrow it //

6 (In the shopping precinct) // IS this MARket street please //

 Compare your versions with those on the cassette, where the 'making sure' version always comes before the 'finding out' one.

HOW DOES IT HELP?
Very often, it doesn't seem to matter very much whether you are seeking unknown information from someone or just trying to get confirmation of what you already believe. The result will be much the same, whichever tone you use. It is very common for people to behave *as if* they just needed confirmation even when they really have no idea.

The fact that we can choose to do either is particularly useful, however, in informal 'social' conversations. We quite often ask questions in order to be friendly, rather than because the answer is of any real importance, or even interest, to us. When we do this, it is usually better to seem to be 'making sure' than to seem to be 'finding out'. If you say:

// ↘ are YOU the new SECretary //

you are saying something like 'I don't know you. Please tell me who you are'; but

// ↗ are YOU the new SECretary //

means something like 'Am I right in thinking you are the new secretary (the person I've heard so much about)?' People naturally tend to feel better disposed towards you if you give the impression you already have some idea who they are!

4.6

 Listen to this pair of examples. In the first the enquirer is seeking necessary information. In the second, the enquiry is made principally for social reasons.

1 DOCTOR: // ↗ now we've HAD you on the TABlets // ↘ for a WEEK now //

      ↘ ARE you feeling BEtter at all/

2 AN OLD FRIEND: // ↘ LOVEly to SEE you // ↗ are you feeling BEtter now //

Why might the doctor be careful to make a 'finding out' enquiry rather than a 'making sure' one?

Can you suggest why the social enquiry may be more pleasing when spoken in this way?

Before you listen, say each of these examples as 'social' enquiries and then compare your versions with those on the cassette.

3 // ↘ DID you have a good JOURney //

4 // ↘ are you enJOYing england //

5 // ↘ WILL you have some more COffee //

6 // ↘ HAVE you played any TEnnis lately //

7 // ↘ HAVE you been in england beFORE //

4·7

There are some ways of making enquiries that are nearly always used for finding out rather than making sure. Listen to these examples and repeat them.

1 // ↘ you reMEMber that BOOK you mentioned // ↘ perHAPs you wouldn't mind LENding it to me //

2 // ↗ exCUSE ME // ↘ i'm LOOKing for MARket street // ↘ i WONder if you could HELP me //

Can you suggest why enquiries like this have a falling tone?

> There are some occasions when it is better not to sound as though you have already made an assumption about what the answer will be. Enquiries beginning with 'perhaps' or 'I wonder' avoid doing this.

Listen to these examples and use arrows to show which tones are used. Then repeat them, paying special attention to the tone on the last tone unit, where the request is actually made.

3 // well i'm RAther BUsy // just at PREsent // perHAPs you wouldn't mind WAIting for a few minutes //

4 // aCCORding to the INdicator board // the NEXT train to YORK // has been CANcelled // but NO one seems to know WHY // i WONder whether YOU can tell me //

4.8

Intonation can matter in *replies* as well as in enquiries. Listen to how the speakers answer in these examples.

1 TRAVELLER: // ↘↗ and WILL that be the same PLATform //

CLERK: // ↘ YES // ↘ PLATform THREE //

2 SHOP ASSISTANT: // ↘↗ IS it a REcent publication do you know //

CUSTOMER: // ↘↗ well it COULD be //

Can you explain the use of a proclaiming tone in the clerk's reply and of a referring tone in the customer's reply?

> Whether we ask to find out or to make sure, we normally expect a response which **tells** us either:
>
> a) information that we didn't know; or
> b) if our ideas are right or wrong.
>
> This means that we expect a response with a proclaiming tone, as in (1) above. But the customer in the bookshop seems not to know whether the assistant's assumption is correct, so he cannot say // ↘ YES //. Instead, he says that it 'could be'; but because the assistant must obviously know this already, he says it with a referring tone. You can often reply with a referring tone like this, if you cannot give the information that the enquirer really expects.

Listen to these enquiries and replies. Use arrows to mark all the tones in the replies. Repeat each reply, paying particular attention to the tones you use.

3 A: Is that the title?

B: //   i THINK so //   the PROBlem IS //   i'm NOT quite SURE //

4 A: It's a 'one way', isn't it?

B: //   well it's ONE way at the MOment //   because they're doing a LOt of SEwer work //

5 A: You remember Mary, in Accounts?

B: //   NOT REAlly //   NO //

6 A: Arthur had that room upstairs, didn't he?

B: //   well he USed to //   but it's ALL CHANGED //   NOW //

4·9

Look at this map of David's town, from which all the names of places have been removed. Can you remember from Unit 2 where, for instance, the technical college is?

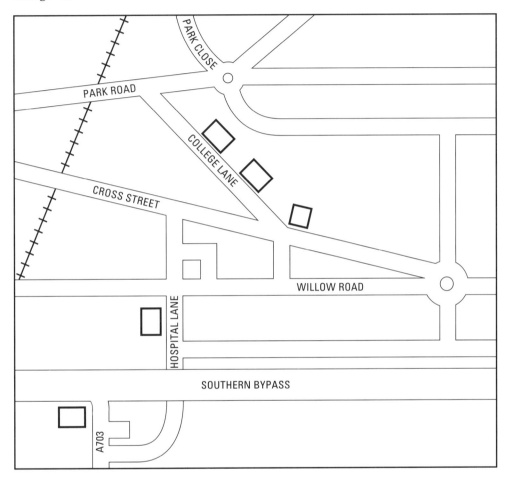

Ask your partner a question, for example, 'Is this where the technical college is, please?', with appropriate intonation to make sure that you are correct.

The post office was not mentioned in Unit 2, so you have no idea where it is. Ask a 'finding out' question to discover: 'Where is the post office, please?' (Your partner can get the information from the map on page 151.)

Make sure or *find out* where the places below are. (Which you do will depend on whether you think you know already.) Your partner will need to continue to use the map.

the railway station	the Shell service station	the playing fields
a public telephone	the police station	the Horse and Groom
the town hall	the hospital	

Part 2

Listening to sounds

Target position 3
More sounds at the end of prominent syllables which are also at the end of tone units

Single consonants: // it's DREADfully out of <u>DATE</u> //

Two-consonant clusters: // IS it in <u>PRI**NT**</u> //

4.10

Listen to these tone units and repeat them, paying special attention to the targeted consonant.

1 // Everyone got <u>OUT</u> //
2 // WHEn are you coming <u>BACK</u> //
3 // SINgle or re<u>TURN</u> //
4 // the BUS came to a <u>STOP</u> //
5 // i HUrried a<u>CROSS</u> //
6 // HUNdreds of <u>SHOES</u> //
7 // i WALKed a<u>LONG</u> //
8 // she THOUGHT there was a <u>PUB</u> //
9 // it was VEry <u>ODD</u> //

10 // she RANG a <u>BELL</u> //
11 // the HORse and <u>GROOM</u> //
12 // it was HALF past <u>FIVE</u> //
13 // i've ONly got this <u>BAG</u> //
14 // you'll HAVE to <u>RUSH</u> //
15 // i'm OUt of <u>BREATH</u> //
16 // the STOry of his <u>LIFE</u> //
17 // WHO did she work <u>WITH</u> //

A NEW SOUND
The final sound in 'aLONG', /ŋ/, has not been encountered before. This is because it does not occur at the beginning of prominent syllables. Like /n/ and /m/, it is a nasal sound, and therefore one of the NLA group. Make sure you are hearing it and producing it as a single consonant, *not* as a combination of /n/ and /g/.

4.11

If you have difficulty with any of the consonants in this target position, try to find out what kind they are. Complete the table below with the tonic syllables in the tone units in Task 4.10. Put them in the appropriate box according to the kind of consonant that occurs at the end of the tonic syllable.

	Voiced sounds	*Voiceless sounds*
NLA sounds	reTURN /n/	————
Plosive sounds		OUT /t/
Fricative sounds	SHOES /z/	

Then use the table to discover whether the difficulty you have is associated with one particular type of consonant – or perhaps with more than one type.

> Plosive sounds in this target position are difficult for some speakers. The term 'plosive' can be taken to mean that these sounds result from a kind of 'explosion', a sudden and violent escape of breath, when the closure of the speech organs is released. You may need to practise the release without producing an extra and unwanted vowel sound after it.

You will find examples for practising any type of consonant you find difficult in Target Position 3 in Exercises 39–41 in the Appendix (on p. 144).

4.12

Listen to these tone units and repeat them, taking special care with the target sounds.

1 // the BUS <u>STOPPED</u> //
2 // i OUGHT to have <u>ASKED</u> //
3 // she PASSED some <u>SHOPS</u> //
4 // there were CONcrete <u>TUBS</u> //
5 // you must TURN <u>LEFT</u> //
6 // i'd BEtter <u>ASK</u> //
7 // you FOllow the road a<u>ROUND</u> //
8 // it's EAsy to <u>FIND</u> //

9 // LET me <u>THINK</u> //
10 // i NEEd it my<u>SELF</u> //
11 // it's about FIFty <u>YARDS</u> //
12 // you go RIGHT to the <u>END</u> //
13 // WOULD you <u>MIND</u> //
14 // it's on the SEcond <u>SHELF</u> //
15 // can you reMEMber his <u>FRIEND</u> //

4.13

Notice that in some cases the first sound in the cluster is a continuant: ' . . . LEFT'. In other cases it is a plosive ' . . . SHOPS'. Put each of the clusters that are targeted in Task 4.12 into the appropriate box in this table.

1 *First sound is a continuant* *(i.e. a fricative or an NLA sound)*	LEFT /ft/ ASK /sk/
2 *First sound is a plosive*	STOPPED /pt/ ASKED /kt/

Concentrate on those clusters that you have put in Box 2. Do you notice anything special about the way the first of the two consonant sounds is made?

> When plosives begin a cluster in this target position, you neither feel nor hear a sudden release; instead, you go on immediately to produce the second consonant. In the case of /ps/, for instance, you put your lips in the position to make /p/ but, instead of completing the sound with a release you go straight into the fricative sound /s: /p→s/. Something similar happens in /d→z/, /p→t/, etc.

4.14

Listen to these tone units and repeat them, paying special attention to the sounds in Target Position 3.

1 // i'm NOT sure <u>WHICH</u> //

2 // it's Over the <u>BRIDGE</u> //

> Are there more new sounds here? The sounds that spelling represents by ' . . . ch' and ' . . . dge' in these examples are usually regarded as single consonants, although each is represented by a pair of symbols /tʃ/ and /dʒ/. They are, in fact, very similar to the clusters you put in Box 2 in Task 4.13. You can think of them as cases of /t→ʃ/ and /d→ʒ/ respectively, where the plosive sounds /t/ and /d/ merge into the following fricative. They are known as **affricative** sounds.

4.15

Listen to these tone units and repeat them, paying special attention to the final clusters.

1 // she SAW some <u>SHOPS</u> //

   // there were CONcrete <u>TUBS</u> //

2 // the BUS // <u>STOPPED</u> //

   // ARthur's // been <u>MOVED</u> //

What do you notice about the second sound in the clusters?

> Although the spelling ' . . . s' in 'SHOPS' and 'TUBS' and the spelling ' . . . ed' in 'STOPPED' and
> 'MOVED' might lead us to expect similar sounds, the sound is actually determined like this:
>
> 1   the voiceless sound /p/ is followed by the voiceless sound /s/
>   the voiced sound /b/ is followed by the voiced sound /z/;
> 2   the voiceless sound /p/ is followed by the voiceless sound /t/
>   the voiced sound /v/ is followed by the voiced sound /d/.
>
> In the final clusters we therefore get / . . . ps/, / . . . bz/, / . . . pt/ and / . . . vd/.

4.16

Use the rule just given to predict what the second sound in the final clusters will be in these tone units. For example:

1 // i OUGHT to have <u>ASKED</u> // :   /t/ (voiceless)

2 // do you HAve many <u>BAGS</u> //

3 // they NEED to be re<u>PLACED</u> //

4 // he SUddenly <u>STOPPED</u> //

5 // you'll see some MORE <u>LIGHTS</u> //

6 // it was AFter you <u>LEFT</u> //

7 // there are TWO more <u>ROADS</u> //

8 // i was a<u>MAZED</u> //

 Check your predictions with the cassette and repeat each tone unit.

4.17

Listen to these pairs of tone units, paying special attention to what happens at the end of each.

1 // she SAW some <u>SHOPS</u> //

   // she SAW some <u>HOU</u>ses //

2 // the BUS <u>STOPPED</u> //

   // the BUS <u>WAI</u>ted//

What do you notice?

> Clusters are always made up of different sounds. If you applied the rule given in Task 4.15 to the second example in these pairs you would have two identical sounds in each case: /zz/ and /tt/. Instead you insert the vowel /ɪ/ between the two and produce a further (non-prominent) syllable:
>
> //haʊzɪs//   //weɪtɪd//.
>
> Notice that when this happens the **final consonant is always voiced**. That is to say, the voiced-follows-voiced / voiceless-follows-voiceless rule applies only to clusters.

4.18

Predict how the ends of these tone units will be pronounced.

1 // he was <u>MOVED</u> //

2 // he was pro<u>MO</u>ted //

3 // SOME familiar <u>FRIENDS</u> //

4 // SOME familiar <u>FA</u>ces //

5 // the CAR was <u>SEARCHED</u> //

6 // the CAR was in<u>SPEC</u>ted //

7 // that was <u>NOT</u> // what she ex<u>PEC</u>ted //

8 // that was <u>NOT</u> // what she <u>HOPED</u> //

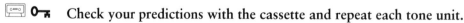 Check your predictions with the cassette and repeat each tone unit.

4.19

These tasks should have helped you to identify the kinds of problem you have, if any, in dealing with clusters in Target Position 3. For further practice turn to Exercises 42–4 in the Appendix (on pp. 144–5) and listen to them.

Summary

1 Whether you are **telling something** or **asking, referring tones** and **proclaiming tones** retain their essential meanings.

2 When you are telling something, a referring tone means that this part of the message is already shared. Saying it will not, therefore, impart any new information. When you are asking, it means that you assume this part of the message is shared but you want to make sure by asking your listener to confirm it.

3 When you are telling something, a proclaiming tone means you do not think your listener has certain information that you possess. When you are asking, it means that your listener has some information that you do not possess: you need to find out.

4 When you ask questions for mainly social reasons, you usually use referring tones.

5 Replies, or parts of replies, which do not answer questions directly have referring tones.

6 There is no clearly perceived release when a plosive consonant is the first element in a final cluster.

7 If the first element of a final cluster is voiced, the second is voiced also. There is similar correspondence between voiceless elements.

UNIT **5** Who is in charge?

Part 1

Listening for meaning

 The Philosophical Society are just about to begin their monthly meeting. On the cassette you will hear the chairperson making his opening remarks. The main business of the evening is to hear a talk or 'paper' presented by a visiting speaker. Before he introduces the visitor, however, the chairperson has some announcements to make. Listen to what he says and make a list of the things he tells his audience. Then compare lists with a partner.

Listening to intonation

You may have noticed that the chairperson is using language of a rather special and formal kind. He uses words and phrases that seldom occur in relaxed everyday conversation. For instance we don't often say 'one and all', 'on this occasion' or 'just a few words' unless we are engaged in some kind of speech-making of a rather formal kind.

 You may also have noticed that the chairperson hesitates quite a lot. There are pauses, repetitions and false starts. There are also quite a lot of examples of a tone we have not yet mentioned. Listen again to the first part of the recording (it is repeated on the cassette) and read the transcript below. Try to decide what kind of tone is being used in the tone units where there is no arrow.

// ER // ↗ GOOd EVening // ER // ↗ good EVening to one and ALL // WELcome // TO // OUR // ↗ FEBruary MEEting // ERM // and WELcome // of COURSE to our // ↗ to our REGular // MEMbers // and aTTENders // and SEVeral FAces er // i can SEE out there // NOT //↗ TOO familiar to ME //

Can you think of any likely connection between the hesitations and the use of this new tone?

In order to maintain this kind of language, the speaker was probably having to choose his words rather carefully; it is not the kind of language that comes readily to mind in ordinary conversation. When we speak like this, we tend to use **level tones** with pauses. This gives us time to put the language together. The chairperson is a fluent native speaker of English but he is doing something very similar to what learners have to do when they are using a language with which they are not yet very familiar: He is *mentally preparing* the next step before he takes it. Level tones are often used in such circumstances. The symbol for a level tone is →.

5.1

Listen again to what the chairperson says, and then to a more fluent version.

1a // → ER // ↗ GOOd EVening // → ER // ↗ good EVening to one and ALL // → WELcome // → TO // → OUR // ↗ FEBruary MEEting //

1b // ↗ GOOd EVening // ↗ good EVening one and ALL // ↗ WELcome // ↗ to our FEBruary MEEting //

What tone is used in both versions of:

// GOOd EVening //

// good EVening to one and ALL //

// to our FEBruary MEEting //   ?

Repeat these three tone units, making sure you get the tone right.

Listen to these extracts and see how many examples of rising tone you can hear. Use arrows to mark them.

2a   //   beFORE //   i introduce tonight's SPEAker //   there's ER //
            ONE // //   important reMINder //

3a //   NEXT month's //   MEEting //   will BE //   OUR //
        ANNual GENeral meeting //

4a //   AND er //   on that oCCAsion //   we're HOping for //   a
        GOOD //   and SPIrited //   aTTENdance //

Check your answers by listening to a version of each extract from which level tones and other possible distractions have been removed.

2b   // ↗beFORE i introduce tonight's <u>SPEA</u>ker // ↗there's ONE important re<u>MIN</u>der //

3b   // ↗our NEXT month's <u>MEE</u>ting //↘ will be our ANNual <u>GEN</u>eral meeting //

4b   // ↗ON that o<u>CCA</u>sion // ↗we're hoping for a <u>GOOD</u> // ↘and SPIRited a<u>TTEN</u>dance //

Discuss with a partner possible reasons why there are so many rising tones in this part of the chairperson's speech. There are, in fact, two separate things to explain:

a) Why are they referring tones?
b) Why are they rising, not fall-rise, tones?

In Unit 3 we saw that the rising and fall-rise tones are both referring tones. As such, they both show that their tone units neither present anything as news (if telling) nor request any news (if asking). Here we will look at what differentiates them as referring tones.

You will notice that nearly everything that the chairperson says in this opening passage is routine. Something very much like it will be said at the beginning of every meeting. Everyone expects the chairperson to greet them. They know already that some of them are members and others are not, and that in due course the chairperson will introduce the speaker. If they are serious members they will already be aware that the next meeting will be the AGM and that they ought to attend: he doesn't need to tell them about this but just jogs their memories. It is all ground they have gone over many times before and so it is appropriately spoken with mainly referring tones. But why is the rising, rather than the fall-rise, tone used?

The chairperson is *in charge*. The usual rules for conducting meetings give him responsibility for *controlling* what happens. For instance, it is he who determines when the meeting will begin and end, when questions may be asked, who may ask them, and so on. We can say that, for the time being, the chairperson is the **dominant** speaker.

The special significance of the rising tone is that when you occupy the dominant speaker role you can use it (instead of the fall-rise) to *emphasise the fact that you do* occupy that role. You can think of it as a way of drawing attention to the authority you claim for yourself for the time being.

5.2

Here is another extract from the chairperson's introductory speech. Listen to it and mark the tones.

1a //   JANE PARKS //   has SERVEd us //   MARvellously

for //   i THINK it's about //   THREE YEARS //   NOW //

Try to say it without hesitations or level tones.

Finally, compare your version with this 'tidied up' version on the cassette.

1b // ↗ JANE PARKS // ↘ has SERVEd us MARvellously // ↘ for THREE

YEARS // ↗ NOW //

Do the same with each of these extracts. That is: listen to the (a) version and mark the tones; say it fluently without the hesitations and level tones; then check your version with the (b) version on the cassette.

2a //   she's LEAving //   to TAke up a post //   in GLASgow //   we

wish her WELL //

2b // ↘ she's LEAving // ↗ to TAke up a post in GLASgow // ↗ we wish her

WELL //

3a //   unFORtunately //   toDAY //   our aTTENdance //   i can SEE

is //   NOt as good //   as Usual //

3b // ↗ unFORtunately toDAY // ↘ i see attendance is NOt as good // ↗ as

Usual //

4a //   JUSt a few WORDS //   aBOUT //   her BACKground //

4b // ↘ just a FEW // ↗ WORDS // ↗ about her BACKground //

5a //   she's REcently reTURNED //   TO US //   FROM a YEAR //

in INdia //

5b // ↗ she's REcently reTURNED to us // ↘ from a YEAR in INdia //

5.3

Listen to this extract and mark in the tones.

//   ALso //   and THIs is rather //   a SAD note //   er the TREAsurer

//   TELLS me //   that we must SERiously consider //   INcreasing //

subSCRIPtions //

Why do you think dominant versions of referring tone are used less here?

≫→

The chairperson would probably not want to speak of a likely increase in subscriptions in an authoritative manner. Using the non-dominant mode at this point gives the impression that he is sharing the misfortune with members of the audience as if with fellow sufferers. More generally than this though, it would probably not be a good idea to underline one's authority too often! The thing to remember is that *dominant speakers have a choice*: it is up to them to decide whether to draw attention to their special role. Often, it doesn't matter much which of the two tones is used. There are times, though, when we expect people to behave as dominant speakers. If we ask people to give us help or advice, or to tell us a story, we may be effectively inviting them to 'take charge': to take us by the hand, metaphorically speaking, and lead us.

5·4

Listen to these examples of dominant speakers. Use arrows to mark all the tones. Repeat each example, paying special attention to the rising tones (but remember that there may be occasional fall-rises instead).

1 Someone giving careful, and firm instructions:

//   now you KNOW where the <u>O</u>ffice is //   WHAt i want you to <u>DO</u> // is to GO to the <u>O</u>ffice //   and FIND <u>SU</u>san //   and ASK <u>SU</u>san // for the <u>KEY</u> //   to my <u>ROOM</u> //   when you've GOT the <u>KEY</u> // GO to my <u>ROOM</u> //   and LOOk in the <u>CUP</u>board //   and IN <u>THERE</u> //   you'll find a ROUND <u>TIN</u> //   with another <u>KEY</u> in it //

2 Someone telling a story or anecdote:

//   THIS <u>PER</u>son i know //   had JUST been <u>SHO</u>pping //   <u>AND</u> // she'd JUST <u>FI</u>nished //   <u>AND</u> //   she was LOAded up with <u>PAR</u>cels //   and STUFF she'd <u>BOUGHT</u> //   <u>AND</u> //   EVery<u>THING</u> // <u>AND</u> //   she was GOing back to her <u>CAR</u> //   IN the <u>CAR</u> park // and she was GOing a<u>CROSS</u> //   to where she'd <u>LEF</u>t it //   and she SAW <u>SOME</u>one //   <u>SI</u>tting //   in the <u>PA</u>ssenger seat //   of her <u>CAR</u> //

3 Someone giving directions:

//   you COME out of the <u>CAR</u> park //   and turn <u>RIGHT</u> //   and AFter you've gone a little <u>WAY</u> //   you'll COME to a <u>ROUN</u>dabout //   go ROUND the <u>ROUN</u>dabout //   and take the SEcond <u>EX</u>it // NOT the <u>FIRST</u> //   because THAT will take you into <u>TOWN</u> // take the SEcond <u>EX</u>it //   and conTINue along <u>THERE</u> //   for about a <u>MILE</u> //

HOW DOES IT HELP?

In cases like these, you may want to give a clear signal that you are in control so as to ensure that your story, or your advice, is not interrupted until you have finished. Dominant speakers are most likely to make use of the rising tone when they take over the controlling role from someone else, that is to say, at the beginning of the announcement or the anecdote or whatever it may be.

Showing that you are in control can sometimes be helpful to listeners, too. Even when there is no risk of interruption, they may have greater confidence in a speaker who sounds authoritative than in one who does not. This applies, for instance, to public announcements. It may be reassuring to feel that the people who give us information are in control.

5.5

To appreciate the difference between the dominant and the non-dominant ways of referring, listen to these pairs of examples. In each pair, the first version is spoken as part of a public announcement, and the second is spoken conversationally. Listen to both versions and repeat them, paying special attention to the difference. Then mark the tones with arrows.

1 // our SPEAker for this EVening // is doctor AGnes THOMson //

// toNIGHT'S SPEAker's // AGnes THOMson //

2 // she TOOK her MASter's degree // and her DOCtorate // at HARvard //

// she GOT her MASter's // and DOCtorate // in the STATES //

3 // she's WELL KNOWN // for her WORk on WITTgenstein //

// she MADE her NAME // with some WORk on WITTgenstein //

Working with a partner, read this out in a 'public' authoritative way.

4 Ladies and Gentlemen. Our speaker for this evening is Dr Agnes Thomson. She took her master's degree and her doctorate at Harvard, and she's well known for her work on Wittgenstein.

Now read this dialogue as relaxed conversation.

5 A: The meetings are pretty good usually.
B: Perhaps I should come along some time.
A: Well, tonight's speaker is Agnes Thomson.
B: I seem to have heard of her. Is she British?
A: I think so. But she got her master's and her doctorate in the States.
B: What does she talk about?
A: Well, she made her name with some work she did on Wittgenstein.

Your partner will be able to tell you whether you were consistent in your use of either dominant or non-dominant forms. Then listen to the versions of (4) and (5) on the cassette.

5.6

Listen to a version of the last part of the conversation in Unit 2 between Mandy and David. They are going over the instructions for finding No. 27 Park Close. Mandy wants to be sure she has got them right. Which speaker is dominant?

MANDY: Now let me see if I've got it right. I need the right-hand lane.
DAVID: Yes. Right-hand lane.
MANDY: Yes.
DAVID: By the Shell service station.
MANDY: Yes.
DAVID: College Lane.
MANDY: Yes. Past the technical college.
DAVID: Past the technical college – past the primary school –
MANDY: Yes . . .

Why do you think Mandy and David are *both* behaving as dominant speakers in this extract?

> Although there are many occasions when it is possible to say that either you or your listener is in charge for the time being, there are other occasions when it is decided moment by moment. We can say that David and Mandy are 'in charge' in two different ways. David is the one who *knows*: it is he who controls the conversation by telling Mandy whether what she says is right or wrong. But Mandy is using a pay phone, and wants to get the checking completed before her money runs out. She seeks to control the conversation in order not to waste time, making it clear when she has understood each step and urging David to get on with the next.
>
> Thus both of them act as dominant speakers during the short periods of time when they are actually speaking. In most informal conversation there are frequent changes of role, but this kind of constant changing would sound aggressive in many circumstances. There is nothing wrong with it here because of the special kind of communicative task the two people are engaged in.

5.7

Prepare a station announcement giving information about the cancelled train on page 42 and advising intending passengers of alternative ways of getting to York. Read it out, as if over the public address system, first in an 'official' manner, and then in a conversational manner. Try to decide which would be likely to be preferred by listeners.

Part 2

Listening to sounds

In Part 2 of all the units so far we have concentrated on sounds which occur in prominent syllables. In this unit we shall begin to look at some of the sounds that occur elsewhere in the tone unit.

5.8

Listen to these tone units and repeat them, paying special attention to the vowels.

// the SPEAker for toDAY // is AGnes THOMson //

Can you suggest why vowels in non-prominent syllables have not been targets in previous practice exercises?

One reason has already been mentioned: if you give special attention to the vowel in 'the', '-er', 'for', 'to-', 'is', '-es' or '-son' in these tone units, you are likely to make the syllable prominent although no prominence is needed there. Another reason is that it is not easy to say exactly what sounds we should be aiming at. In the recording, the speaker says something like:

... for toDAY   /fətədeɪ/

using the kind of 'reduced' vowel sound commonly referred to as 'schwa' and represented by /ə/. But a careful chairperson, speaking in the special, rather formal, situation we have described for him, could easily use an unreduced vowel in either or both of the non-prominent syllables:

... for toDAY   /fɔːtuːdeɪ/

And often it might be difficult to say positively whether we were hearing either /ə/ or one of the 'full' vowels /ɔː/ or /uː/. The situation we have to recognise is something like this: often the nearest we can get to specifying what a sound will be is to say that it will be somewhere between one sound and another.

This uncertainty may make things appear very difficult for a learner! In fact it is much simpler than it sounds. All you need to remember is that the vowels we have been targeting are **protected** (that is, they may not be varied very much); but others, like those we have represented by /ə/, and many of those we represent by /ɪ/, as in Agnes /ægnɪs/, are **unprotected**. And what is special about unprotected vowels is that they sound the way they do because speakers *are not too concerned about what target they are aiming at*. 'Schwa' is a rather noticeable feature of spoken English and if you do not make very much use of it in your own language, you will have had to learn it as something new. But having learnt it, you then have to adopt a more relaxed attitude towards it: you should avoid regarding it as a target to be hit precisely. Your English will sound more natural if you can do as native speakers do and avoid giving too much attention to it and to the other unprotected sounds.

5.9

You will find it easier to avoid giving too much attention to unprotected vowels if you give slightly exaggerated attention to those that *are* protected. In the examples below the protected vowels are all in prominent syllables. The unprotected vowels, being comparatively neglected, sound roughly like /ə/ or /ɪ/. Listen to these examples and repeat them.

1 // at the SAME <u>TIME</u> //

2 // MEMbers and a<u>TTEN</u>ders //

3 // PREssure of <u>BUS</u>iness //

4 // a disTINguished repu<u>TA</u>tion //

5 // GOing into the <u>RED</u> //

5.10

In the tone unit below there is one syllable that has a protected vowel even though it is not prominent.

1 // there's ONE imp│or│tant re<u>MIN</u>der //

The second vowel in 'important' will always have its full value: /ɔ:/. Listen and mark with a box the protected vowel that occurs in a non-prominent syllable in each of these examples.

2 // NEW co<u>MMI</u>ttee members //

3 // and WHEN does it get to <u>YORK</u> //

4 // there SEEMS to be some trouble on the <u>LINE</u> //

5 // if you DON'T mind <u>CHAN</u>ging //

6 // HOW much <u>LU</u>ggage do you have //

7 // she TOOK her <u>MAS</u>ter's degree //

5.11

You need to know whether a vowel is protected or not. As a first step towards doing so, we can say that *all words with two syllables have at least one protected vowel*. One vowel in 'members', 'trouble', and 'degree' keeps its 'full' pronunciation in the tone units in Task 5.10, even though it is not prominent.

Say these tone units, giving the boxed vowels their full pronunciation without unintentionally making the syllable prominent.

1 // NEW co<u>MMI</u>ttee m│e│mbers //

2 // there SEEMS to be some tr│ou│ble on the <u>LINE</u> //

3 // she TOOK her MASter's degr|ee| //

4 // REGular m|e|mbers and aTTENders //

5 // the NEXt t|ur|ning on the LEFT //

6 // do you reMEMber that p|er|son from LIverpool //

7 // a VEry w|e|lcome // VIsitor //

Now listen to the versions on the cassette.

Many words with more than two syllables also have a single protected vowel. Listen to these examples. Each one includes one such word.

8 // we HAVE to cons|i|der inCREASing them //

9 // we must conSIder incr|ea|sing subSCRIPtions //

10 // my NEXt ann|ou|ncement // conc|er|ns the MARCH MEEting //

> The vowel which is protected in all these words is the one in the syllable which, according to most dictionaries, has **primary stress**. What this means is that when you speak the word on its own and out of context you treat it as a whole tone unit. The syllable concerned is then the tonic syllable. So, when we are *citing* words rather than *using them as part of a message*, the dictionary representations
>
> 'mem bers   con'sider
>
> mean the same thing as:
>
> // ↘ MEMbers //   // ↘ conSIder //.
>
> Of course syllables which have primary stress in citation forms are not always prominent syllables in a tone unit, but as non-prominent syllables they retain the full vowel sound.

5.12

The majority of single-syllable words have a protected vowel. For example:

// she was LOOking for MARket str|ee|t //

> If this seems surprising that is probably because the exceptions are the **function words** like 'she', 'was', 'and' and 'for'. Although these are not very numerous compared with the **content words**, they are much more frequently used.

⟫→

Listen to these tone units. Circle all the prominent syllables and box all the protected vowels that come in non-prominent syllables. Then say them aloud, taking care that you do not produce any unintended prominent syllables.

1 // ↗ i went round // ↘ to a side door //

2 // ↘ there's a set of traffic lights there //

3 // ↗ this is a rather // ↘ sad note //

4 // ↘ it's next to the post room //

5 // ↘ it's near to Hurst Street //

6 // ↘ they're here for the first time //

7 // ↘ it's not as good as usual //

8 // ↘ it's a big brick building //

9 // ↘ it's opposite the service station //

10 // ↗ have you looked in the biography section //

11 // ↘ they've installed a coffee machine //

12 // ↗ she's talking about // ↘ her research//

> Most dictionaries do not mark 'primary stress' in monosyllables so they do not tell you whether they have a protected or unprotected vowel. Furthermore, if monosyllables of either kind are spoken as isolated words, they all have a full sound:
>
> 1 **function words** // OF //   // TO //   // AS //;
> 2 **content words**   // DOOR //   // ROOM //   // GOOD //.
>
> But while those in Group 2 *always* have their full value (i.e. they are **protected**), those in Group 1 have full sounds only in special circumstances, such as when they are being cited (i.e. they are **unprotected**).

5.13

For more practice of tone units which have protected vowels in non-prominent syllables turn to Exercises 45–6 in the Appendix (on p. 145) and listen to them.

Summary

1 Fluent native speakers, like learners, often have difficulty in putting together the language they need to express their intentions, and this results in the use of **level tones**.

2 The rising version of referring tone is used by **dominant speakers**.

3 Dominant speakers may:
   a) be appointed in advance, as in the case of the chairperson;
   b) hold the position by unspoken agreement for the time being, as in the case of a storyteller;
   c) seek to take control briefly in the course of a conversation in which speaker and listener have equal rights, as in the case of the conversation between Mandy and David in Unit 2.

4 Dominant speakers have a choice: they can either make use of the rising tone to underline their present status as controller of the discourse, or they can refrain from doing so and use the non-dominant fall-rise instead.

5 There are occasions when the choice is not very significant and you can use either tone. There are some circumstances, however, when it is better to assume dominance and some when it is better not to. These will receive attention in the next unit.

6 Some **vowels** are **protected**: they remain more or less constant wherever they occur. Others are **unprotected**: the sound a speaker actually uses can vary considerably from one occasion to another. The most common pronunciation of unprotected vowels is something like /ə/ or /ɪ/, but the reduction to these sounds comes about as a result of speakers not being very concerned about what sound they make: /ə/ and reduced /ɪ/ are not, therefore, to be thought of as targets in the sense that other vowels are.

7 All words of more than one syllable have at least one protected vowel.

8 Monosyllables which are **content words** have protected vowels; those which are **function words** have unprotected vowels.

UNIT **6** **When to take control**

Part 1

Listening for meaning

 Susan needs to talk to Tony about a business matter. She rings him at home. Listen and find out:

a) where Tony is;
b) when she can speak to him;
c) how they will speak to each other.

Listening to intonation

6.1

Listen to these extracts from what Susan says and repeat them, paying special attention to the fall-rise tone in each case.

1 // ↘ is he <u>THERE</u> //

2 // ↘ you DON'T know what <u>TIME</u> this evening //

3 // ↘ if he could POssibly make it about <u>SE</u>ven //

4 // ↘ would you <u>MIND</u> //

5 // ↘ toNIGHT would be <u>BE</u>tter though //

6.2

Listen to these extracts from what Jane says and repeat them, paying special attention to the rising tone.

1 // ↗ NORton five nine <u>SE</u>ven //

2 // ↗ is there Anything i can <u>DO</u> // ↗ GEt him to ring <u>BA</u>ck or anything //

3 // ↗ DON'T <u>WO</u>rry // ↗ he's SURE to be here at <u>SE</u>ven //

6.3

In all the examples in Tasks 6.1 and 6.2 the speaker is using a referring tone. In those in Task 6.1 a fall-rise is used; but in Task 6.2 a rising tone is used. Examine them carefully and see if you can think of any reason for this difference.

> In Task 6.1 Susan is checking on some facts: (1) whether Tony is there now; (2) at what time he will be back; and (3) whether he will be available to call back at about seven. They are all facts that she needs to make sure about so that she can arrange to speak to Tony. In (4) and (5), she is asking favours: 'Will you – or will Tony – do something for me?'. All this is *for her own benefit*, not Jane's. But in Task 6.2 in (1) Jane confirms that Susan has dialled the correct number; in (2) Jane offers to help Susan; in (3) she reassures her that Tony will be back by seven. These are all helpful things to do: they are things Jane does for Susan's benefit. This affects the tones the speakers choose.
>
> If your purpose is to be helpful to your listener in some way, it is generally better to adopt the dominant role. If your purpose is to get help for yourself, it is generally better to avoid adopting the dominant role so that you do not set yourself up as the person in control. Quite simply, you can take charge to help someone else, but not to help yourself!

6.4

Listen to an example with a fall-rise tone and compare it with a similar one with a falling tone.

// ↘↗ DO you <u>MIND</u> //

// ↘ DO you <u>MIND</u> //

Listen again and repeat the examples. Try to decide what effect the change of tone has.

> If speakers use a referring tone in 'Do you mind?' they are usually thinking that, among friends, the other person will surely not mind: there is no need to **find out** whether they do or not, but it is just politeness to **make sure**. If the speaker thinks there is a real possibility that the other person *will* mind, however, it is better to **find out** before asking the favour. This is done by using a falling tone.

6.5

Listen to these examples. Use arrows to mark the tones, and then match each with the most appropriate paraphrase from the two provided.

1 //   IS he <u>THERE</u> //
  a) *I expect he's there (I'm just checking).*
  b) *The question is this: is he there or not?*

2 //   could he <u>PO</u>ssibly //   make it about <u>SE</u>ven //
  a) *I hope I'm right in thinking seven o'clock will be a convenient time for him.*
  b) *Suppose I suggest seven; how will that do?*

3 //   is there Anything <u>I</u> can do //
  a) *You know I'm willing to help if I can.*
  b) *What do you need done?*

4 //   DON'T <u>WO</u>rry //
  a) *You know perfectly well there's nothing to worry about!*
  b) *I can tell you're worrying. Stop it!*

Say each of the examples using the tone that fits the alternative paraphrase. Mark the tones you use. Compare your versions with those on the cassette.

5 //   IS he <u>THERE</u> //

6 //   COULD he possibly make it about <u>SE</u>ven //

7 //   is there Anything i can <u>DO</u> //

8 //   DON'T <u>WO</u>rry //

6.6

Sometimes when we seem to be making sure we are really making *invitations* or *offers*. 'Can I help you?' is usually an offer of help: 'I can see you need help, I don't need to find out.' You usually reply with something like 'Thank you' rather than 'Yes'.

Invitations and offers sound more pressing if you use the rising tone. You make it sound as though you really want the other person to accept. Listen to these examples and repeat them.

1 // ↗ can i <u>HEL</u>p you //

2 // ↗ shall i <u>WRA</u>p it for you //

3 // ↗ WOULD you like me to draw you a <u>MAP</u> //

4 // ↗ WON'T you sit <u>DOWN</u> //

5 // ↗ MORE <u>CO</u>ffee //

6 // ↗ will you <u>JOI</u>n us //

7 // ↗ have you <u>EA</u>ten yet //

6.7

Sometimes when we seem to be making sure we are actually making *requests*.
'Can you help me?' usually means 'Please will you help me?'. If you ask someone
to do something for you, you usually avoid using the dominant rising tone. Listen
to these examples and repeat them.

1 // ↘ i'm LOOking for the <u>TECH</u>nical college // ↘↗ CAN you <u>HEL</u>p me //

2 // ↘↗ you HAVEn't got a <u>MAP</u> //

3 // ↘↗ you HAVEn't got a <u>CO</u>py by any chance //

4 // ↘↗ WILL you do me a <u>FA</u>vour //

5 // ↘↗ is THIS seat <u>TA</u>ken //

6 // ↘↗ are YOU doctor <u>THOM</u>son please //

> Tasks 6.1–6.7 have shown that whether you choose to act as dominant speaker or not can
> make a considerable difference to the impression you make on your listener. Sometimes,
> though, the choice is not very important. The situation can change from moment to moment
> and for no very obvious reason. Therefore, it often doesn't matter much which of the two
> referring tones you use. For instance, Jane could equally well have said either:
>
> || ↘ it's HIS day in <u>LON</u>don // ↗ to<u>DAY</u> || or
> || ↘ it's HIS day in <u>LON</u>don // ↘↗ to<u>DAY</u>.
>
> It is not easy to say that this is being said for the special benefit either of Jane or of Susan,
> so although the two versions *sound* different, it would be quite safe to use either. Even
> when the effect of the choice is not apparent, though, it is good practice to try to
> distinguish the two tones.

6.8

Listen to these extracts from Susan and Jane's telephone conversation. Each one
is followed by a slightly different version. Mark in the tones and repeat both
versions.

1 //   well <u>NO</u> //   it's HIS day in <u>LON</u>don //   to<u>DAY</u> //

   //   well <u>NO</u> //   it's HIS day in <u>LON</u>don //   to<u>DAY</u> //

2 //   well he's <u>U</u>sually in //   about <u>SIX</u> //

   //   well he's <u>U</u>sually in //   about <u>SIX</u> //

3 //   PREtty <u>GOOD</u> //   <u>REA</u>lly //

   //   PREtty <u>GOOD</u> //   <u>REA</u>lly //

4 //   if the <u>BA</u>bysitter doesn't let us down //

   //   if the <u>BA</u>bysitter doesn't let us down //

6.9

For more practice in discriminating between these two tones, listen to these two answers to the same question. Can you spot the difference in the way 'usually' is said in the two answers?

A: What time will he be in?
B: Usually, it's about six. /
   It's about six, usually.

> There are many adverbs like 'usually' which can come at the beginning or at the end of their sentence. In either case, they often have a separate tone unit with a referring tone. Susan's question was equivalent to 'When does Tony get back from London?' but Jane chooses to make it a little more precise before she answers it. Her reply means something like: 'If – as I assume – you mean when does he *usually* get back: it's *usually* about six.'
>
> The adverb refers to something which was not actually said in the question, but which Jane understands Susan intended. It has a referring tone because it is part of what Jane takes to be their shared understanding. In some ways it is more natural to make this shared understanding clear at the *beginning* of your answer, as the speaker does in the first answer, but you can, if you wish, do this after you have answered the question. Doing so often seems to involve taking on the dominant role. When the adverb comes at the beginning, therefore, it is most likely to have a fall-rise tone; when it comes at the end it is most likely to have a rising tone.

6.10

For more practice in discriminating between these two tones, listen to the question and answers from Task 6.9 again, and repeat them, taking care over the word in brackets.

1 What time will he be in?
   it's about six (usually)

In pairs, put the word or phrase in brackets: (a) at the beginning, and (b) at the end of the answer, choosing a fall-rise or a rising tone as appropriate.

2 Do I have to go down Hospital Road?
   it's called Hospital Lane (actually)
3 Where did the alleyway lead to?
   it led to a pedestrian precinct (eventually)
4 When did Mary leave?
   it was a couple of years ago (as far as I can remember)
5 Will there be much traffic in the centre of town?
   it will be dreadful (at this time of day)
6 What should I do then?
   I should wait until after the rush hour (if I were you)

Listen to the answers on the cassette. Remember that what we said above applies only to what *usually* happens. There is one example here in which the speaker does not actually follow the common 'fall-rise at the beginning, rising at the end' pattern. Which one is it?

6.11

To hear how the three tones we have met so far – the falling, the rising, and the fall-rise – fit into a dialogue, listen to the beginning of another telephone conversation.

TELEPHONIST:	Jonson and Jonson Limited. Good morning. Can I help you?
MR WILLIAMS:	Good morning. Do you have a Mr Robertson there, please?
TELEPHONIST:	We do have a Mr Robertson, yes.
CALLER:	Could I have a word with him?
TELEPHONIST:	Who is it calling, please?
CALLER:	The name's Jordan. I'm from John Davies and Co.
TELEPHONIST:	Oh, yes. One moment, Mr Jordan. I'll see if he's in.

Listen to what the telephonist says. Repeat what she says and mark the tones on the transcript below.

1 //   JONson and JONson limited //   GOOD MORning //   CAN i

HELp you //

2 //   we DO have a mister robertson //   YES //

3 //   WHO is it CAlling //   PLEASE //

4 //   OH YES //   ONE MOment mister jordan //   i'll SEE if he's IN //

Try to explain the choice of tone in (1)–(4).

Listen to what Mr Jordan says, and do the same.

5 //   good MORning //   DO you have a mister RObertson there please //

6 //   COUld i have a WORD with him //

7 //   the NAME'S JORdan //   i'm from JOHN DAvies and co //

Try to explain the tone choices in (5)–(7).

Working with a partner, take the parts of the telephonist and Mr Jordan and reproduce the conversation as accurately as you can. Finally, listen to the complete conversation again.

6.12

Read this advertisement from a local newspaper.

WANTED

Temporary part-time assistant in
High Class Shoe Shop
Ring 297 9999

Work with a partner. Student A is the shop manager/manageress and Student B is interested in the job advertised. Student B: jot down some of the questions you will want to ask. Student A: make a note of what information to seek before deciding whether it is worth asking Student B for an interview.

Try to work out in advance when you are likely to be wanting to *make sure* and when to *find out*. There may be times, too, when you will think it appropriate to assume the dominant role and times when you will think it better to avoid doing so.

Part 2

Listening to sounds

Target position 2
More sounds at the beginning of prominent syllables

Two-consonant clusters:	// at the TOp of the **ST**AIRS //
	// a LARGE **BR**ICK building //
	// she's **TR**AVelling to YORK //

Two-consonant clusters which also begin the tone unit:	// **SP**Ecial a**RR**ANGEments were made //
Three-consonant clusters:	// i'm ex**P**ECting him back at SEven //

6.13

Look at the tone units below and circle each of the consonant clusters that come at the beginning of a prominent syllable. (Remember that it is *sound* clusters you are concerned with, not spellings!) The first is done for you.

1 // WHICH (PLAT)form is it //

2 // i STARted to WALK //

3 // it's about THREE doors aLONG //

4 // it SEEMS to be STUCK //

5 // but there's a PROBlem //

6 // a SPIrited aTTENdance //

7 // our PREsent SECretary //

8 // she GRADuated // SOME YEARs ago //

9 // she DROVE past the EXit //

10 // you go PAST the SWImming baths //

11 // and THAT'S park CLOSE //

12 // you mean SUsan SMITH //

13 // she's TRAVelling // to YORK //

14 // the THIRteen TWENty //

15 // our SPEAker for this EVening //

16 // the TREAsurer of the soCIety //

17 // the FEminist perSPECtive //

18 // a BLACK CAR //

Now complete this table:

Group 1: Clusters that comprise a fricative followed by another consonant
/st/ /thr/

Group 2: Clusters that comprise a plosive followed by an NLA sound
/pl/ /pr/

6.14

Listen to the tone units in Task 6.13 arranged according to the table in the same task.

> Notice that:
>
> 1 when the second sound in the clusters you have put in Group 1 is a plosive the release is very clearly felt and heard. The release of the first sound in those you have put in Group 2 is not sudden nor so clearly heard: the sound merges with the following continuant;
>
> 2 in the clusters in both boxes, the second element is much more noticeable than the first. You can, in fact, get the effect you need if you regard the first element as not being part of the prominent syllable at all. We can transcribe this as follows:
>
> // but there's a pROBlem //
> // he SEEMS to be sTUCK //.
>
> This indicates that the onset of prominence occurs at the second sound not the first.

6.15

In all the tone units in Tasks 6.13–6.14 the target cluster was preceded by at least one syllable. It is therefore possible to think of the first element of the cluster as belonging to the preceding syllable. Some people find the clusters more difficult to pronounce when they come right at the beginning of the tone unit, when the first element cannot be attached to a preceding syllable. Listen to these pairs of tone units and repeat them, giving special attention to the target cluster. Make sure you do not introduce a vowel sound before the cluster when it comes at the beginning of the tone unit.

1 // i STARted to <u>WALK</u> //

   // <u>STAR</u>ting // was <u>DI</u>fficult //

2 // HOlly and <u>SNOW</u>men //

   // <u>SNOW</u>men and <u>HO</u>lly //

3 // FAshionable <u>DRE</u>sses //

   // <u>DRE</u>sses and <u>HATS</u> //

4 // the TRAIN was <u>CAN</u>celled //

   // <u>TRAINS</u> have been <u>CAN</u>celled //

5 // there were sPEcial a<u>RRANGE</u>ments //

   // <u>SPEC</u>ial <u>TRAINS</u> were running //

6.16

Listen to these tone units, each of which contains a cluster of three consonants in the target position. Repeat them, identify the cluster, and transcribe them, showing the prominent syllables.

1 // into another street //

2 // a nasty experience //

3 // in the town square //

> When there are three consecutive consonants at the beginning of a prominent syllable, it is usually better to delay the onset of prominence until the second sound:
>
> // INto another s<u>TREET</u> //.
>
> Spelling conventions sometimes make it impossible to recognise this using the transcription method we have adopted. However, if we use phonetic symbols instead of normal orthography, we can represent (2) and (3) above as:
>
> // a NASty ɪk<u>SPE</u>rience //
> // the TOWN s<u>KWARE</u> //.

6.17

Listen for some more two- and three-consonant clusters which are disguised by spelling conventions in these examples.

1a // she was a student //

2a // he's coming on tuesday //

3a // it's a dual carriageway //

Repeat (1a)–(3a). Do not begin prominence until the second element in:
/-tj/ /tj/ /dj/.

Now listen to another version of the same tone units and see if you can hear the difference.

> While careful speakers are often at pains to pronounce the /tj/ and /dj/ combinations as they are pronounced in (1a)–(3a), /tʃ/ and /dʒ/ as heard in (1b)–(3b) are probably more common in relaxed speech. Generally you can use whichever you find easier.

6.18

If you need material for practising consonant clusters in Target Position 2, turn to Exercises 47–9 in the Appendix (on p. 146) and listen to them.

Summary

1 When you use referring tones in 'making sure' enquiries, you may be doing so for the benefit of your listener. In that case, it is usually better to use the rising tone. This includes offers of help which take the form of 'making sure' enquiries.

2 If you are making sure for your own benefit, it is usually better to use the fall-rise tone. This includes occasions when you use 'making sure' enquiries to ask for help.

3 When consonant clusters come at the beginning of a prominent syllable the first sound is usually attached to the preceding syllable. This cannot happen, obviously, if the prominent syllable begins the tone unit.

7 **An urban myth**

Part 1

Listening for meaning

On the cassette you will hear Val talking about what happened to her one day when she returned to her car after she had been shopping. Stop the cassette when you hear the 'bleep' and discuss with a partner the best thing for Val to do next.

Listen to the next part of Val's story and see if her solution was like yours.

Continue to listen, but each time you hear a 'bleep' stop the cassette and discuss how Val might deal with each new situation as it arises. Then play on.

Listening to intonation

> Since Unit 1 we have been using tone units that have either one or two prominent syllables, but we have mentioned only briefly the way prominence helps to make what we say easier to understand. We have merely said that when you put a prominent syllable in a particular word this is a signal to your listener to 'pay special attention to it'. In this unit, we shall try to clarify what we mean when we say that some words require more attention than others.

7.1

Listen to these short extracts from Val's story. The last tone unit of each extract has its intonation transcribed. Try to decide why a listener must pay more attention to the words 'passenger' and 'mutter' than to any of the other words in the transcribed tone units.

1 (I thought I saw someone sitting) // ↘ in the PAssenger seat //

2 (I kept saying 'Are you OK?') // ↘ and she'd MUtter something //

Usually, as long as we know the background to the conversation and as long as the words containing the prominent syllables have been heard and understood, all the other words can be taken for granted. If Val saw someone sitting in the car, all we need to be told is what word fills the space marked |?| in 'in the |?| seat'. It might have been the *passenger's*, the *driver's* or the *back* seat. Similarly, in 'she'd |?| something' we know that Val was worried because her passenger wasn't talking. The only thing that needs to be made clear at this point is that she *muttered.* In the circumstances, she might equally well have *whispered* or *shouted* something. We do not know which of these things she did until we are told.

When we put words together to make messages, we can think of each word as occupying a separate slot:

in	the	passenger	seat

The words that occupy some of these slots can very often be predicted by anyone who is aware of the background against which the message is spoken, but in other slots there is a real possibility that something else could have been chosen:

in	the	?	seat

'Passenger' is one such word when it occurs in this particular message. We can say that it then occupies a **selection slot**. Notice, though, that this is not because of anything special about the word 'passenger'. It is simply that *in this context* the listener needs to take note of the fact that it was not any other kind of seat: it is a choice which the speaker makes significant for the subsequent development of the story.

HOW DOES IT HELP?
Prominence is helpful to listeners because it tells them where the selection slots are, and so alerts them to where significant choices are made.

7.2

Test your memory of the story by seeing whether you can answer these questions.

1 Had Val been swimming/shopping/visiting?
2 Was it getting late/dark/cold?
3 Did she get out of the taxi/lift/bus?
4 Did the old lady feel sick/giddy/cold/hungry?

You probably found this task very easy. But suppose you had been listening to the story for the first time. Each of the alternative words given would then have been possible at the point that Val has reached. We find that, in each case, she makes the word she selects *prominent.* Say each of the sentences below as answers to (1)–(4), putting the right word in the selection slot, and remembering to give it a prominent syllable.

1 She'd been |?|
2 She said it was getting |?|

3 She'd got out of the |?|

4 She said she was feeling |?|

Compare your versions with those on the cassette.

7·3

So far, the prominent syllables have also been tonic syllables. Listen now to a tone unit that has *two prominent syllables*.

(I told her to get into the car) // ↘ and i deCIded to drive her to her DAUGHter's //

Can you suggest why 'decided' and 'daughter's' both have prominent syllables?

> If there are two prominent syllables in a tone unit, this usually means that there are two selection slots: that is to say, two places where the meaning cannot be taken for granted. What we need to know to follow the story is that the speaker *decided* (she didn't *refuse*, as she might have done) and that it was the old lady's *daughter's* (= daughter's home) that she was going to drive to (not the police station or the nearest hospital, as it very well might have been):

I	?	to	drive	her	to	her	?

7·4

With a partner, look at these two extracts carefully.

1 // ↘↗ the DOOR opened and // ↘ this person got OUT // ↘ and it was a LIttle old LAdy // ↘ with a SHOpping bag //

2 // ↘↗ HE got out with his BAg and everything // ↗ and WENT ROUND // ↘↗ to the BAck of the CAR // ↘↗ and as SOOn as the door was CLOSED // ↘ I SWUNG // ↗ SMARTly ROUND // ↘ and acCElerated OFF // ↘ just as FASt as i COULD // ↘ to the poLICE station //

Try to think of anything that could take the place of 'the' or 'opened' in the first tone unit; or of 'person' in the second tone unit. You may think that 'the' might be changed to 'a', but notice that if you do this it makes no significant change in the meaning, and it is meaning changes rather than word changes that you are looking for. Go on and see if you can find meaning changing alternatives to any of the words that do not have prominent syllables. Remember to take into account the context in which the tone unit occurs. For instance, you might think that 'closed' could take the place of 'opened', but the context makes this very unlikely. Read out each of the examples, taking care to use the right tones and to get the prominent syllables in the right place. Then check your versions with those on the cassette.

7·5

Look at these examples and try to work out which words will occupy selection slots, and therefore have prominent syllables.

1 // ↘↗ i hope you don't mind // ↘ but i arranged to meet my daughter here //

2 // → i said // ↘ when was your daughter supposed to be coming // ↘↗ and she said // ↘ half an hour ago //

3 (and) // ↘ she was worried about her daughter //

4 // ↘ it was very cold outside // ↘ it was that very cold time we had //

Check your answers with the cassette. Make sure you get the tone right as well as the prominent syllables.

7.6

Listen to these two examples and compare them.

1 (so I thought 'That's odd') // ↘ i COULDn't have LOCKed it properly //

2 (so I thought 'Well, I'm sure I locked it') // ↘ i COULDn't have locked it PROperly //

Can you explain why the prominent syllables are in different words?

In (1), the speaker could just as well have said: 'That's odd! I couldn't have locked it.' Locking the door, and locking it properly amount to the same thing: the word 'properly' does not occupy a selection slot. In (2) the speaker says he is sure he locked the door: 'locked' therefore does not occupy a selection slot. But 'properly' does. What he is uncertain about is whether it was locked 'properly' or not. These examples show how we decide which words to make prominent: we have to take account of the context, and also of our view, as speaker, of exactly what we want to tell our listener.

7·7

Listen to these pairs of examples and repeat them. You will notice that certain words have prominent syllables in one version but not in the other. Working with a partner, decide which words are treated differently and why.

1a // WHEN she'd finished SHOpping // she WENT to get her CAR // from the MULti storey CAR park //

1b // WHEN she'd finished SHOpping // she WENT to the CAR park // it was that MULti STORey car park // in TOWN //

≫→

2a // WHEN she moved her COAT // you could SEE her more CLEARly // and she had MAN'S // HANDS //

2b // WHEN she moved her COAT // you could SEE her HANDS // and they WEREn't a WOman's hands // they were MAN's hands //

3a // AFter they'd passed the ROUNdabout // she reVERSed into a DRIVE // on the LEFT //

3b // AFter they'd passed the ROUNdabout // there were a NUMber of DRIVES // and she reVERSed into a drive // on the LEFT //

4a // she DROVE to the poLICE station // they SEARCHED the CAR // and near the BACK SEAT // they found an AXE //

4b // she DROVE to the poLICE station // they LOOKed in the back of the CAR // and beSIDE the back SEAT // they found an AXE //

7.8

How much can you remember from earlier units? Listen to this question about what happened to Elizabeth in Unit 1 and to the answer that follows it.

1 Why was Elizabeth disappointed to find the pub closed?

 // ↘↗ because she'd GONE to the pub // ↘ to ask the WAY //

Notice that, in the answer, 'pub' does not have a prominent syllable because *in this context* it does not occupy a selection slot.

Read the questions and answers about previous units below. Say them, taking special care with prominences. Then listen to them.

2 Why couldn't Mandy find Hospital Lane?

 // ↘↗ because she thought it was called // ↘ hospital road //

3 When did Jane expect Tony to be home from London?

 // ↘↗ she was sure he'd be back // ↘ by seven // ↘ in the evening //

4 Why did the passenger have to catch the Manchester train?

 // ↘↗ because the direct train // ↘ was cancelled //

5 What was the customer doing in the bookshop?

 // ↘↗ he was trying to find a book // ↘ about arnold //

6 Why did the office workers have to go downstairs for coffee?

 // ↘↗ they'd turned the old coffee room // ↘ into offices //

7.9

It is sometimes difficult to speak a tone unit which has several non-prominent words between two prominent ones. Try to speak this tone unit without putting extra prominent syllables in 'daughter' or 'supposed'.

1 // ↘ WHEN was your daughter supposed to be <u>CO</u>ming //

Now listen to (1)–(6) and repeat them.

2 // ↘ she <u>SAID</u> // ↘ she was going back to her <u>DAUGH</u>ter's //

3 // ↘ she's <u>NE</u>ver // ↘ been late like this be<u>FORE</u> //

4 // ↘ and THEN she took out one of her <u>HANDS</u> //

5 // ↘ OUT from underneath her <u>COAT</u> //

6 // ↘ we'd <u>LIKE</u> to go out // ↘ and search your <u>CAR</u> //

Part 2

Listening to sounds

7.10

One reason why the examples in Task 7.9 may be difficult to speak is that they contain a number of syllables with *protected* vowels that are not, on this occasion, made prominent. Listen to these tone units and repeat them, making sure you can recognise and produce the protected vowel in a non-prominent syllable (the boxed letters), without making the syllable prominent.

1 // she deCIded to rep|or|t it to the po<u>LICE</u> //

2 // she TOLD the pol|i|ce what had <u>HA</u>ppened //

3 // she GAVE a l|i|ft to the <u>STRAN</u>ger //

4 // she GAVE the str|a|nger a <u>LIFT</u> //

5 // she GAVE a <u>LIFT</u> to the str|a|nger //

6 // she GAVE the <u>STRAN</u>ger a l|i|ft //

The rest of this unit will be concerned with **unprotected** vowels. We have said that what is special about these vowels is that their pronunciation is subject to variation. Although there is a very strong tendency for many of them to be reduced to something like /ə/ or /ɪ/, there are some circumstances in which they most often keep their full sounds. It is useful to know what these circumstances are.

7.11

Listen to these tone units and repeat them.

1 // we shall HAVE to search your <u>CAR</u> //

2 // we shall HAVE to ask you some <u>QUES</u>tions //

3 // she <u>SHOULD</u> // have taken the <u>FIRS</u>t exit //

4 // she <u>SHOULD</u> // have taken the <u>O</u>ther exit //

What difference do you notice in the way 'to' and 'the' are pronounced? Can you explain the difference?

> The monosyllabic words 'to' and 'the' are among those that we mentioned in Unit 5 as having unprotected vowels. In (1) and (3) above they have the sound that this would lead us to expect, something like /ə/. But in (2) and (4) they are followed immediately by another vowel: ' to ask' and 'the other'. This is one of the conditions in which unprotected vowels have their full sound.

Practise these tone units before listening to them.

5 // she ASKed him to get <u>OUT</u> //

6 // she ASKed him to a<u>SSIST</u> her //

7 // she WENT past the <u>EX</u>it //

8 // she TOOK the <u>WRONG</u> // <u>EX</u>it //

7.12

Listen to these tone units and repeat them.

1 // i LOOKed a<u>CROSS</u> at her //

2 // so she DROVE to the po<u>LICE</u> station //

3 // they SAID they wanted her <u>KEYS</u> //

'I' /aɪ/, 'so' /səʊ/ and 'they' /ðeɪ/ are all function words: words of the kind that we should expect to have unprotected vowels. Can you see what they have in common which might explain why they are not reduced?

> The diphthongs /aɪ/, /əʊ/ and /eɪ/ are all unprotected here because they come in the function words 'I', 'so' and 'they'. They are therefore 'neglected' in ordinary relaxed speech. The effect of this is not so noticeable as with simple vowels. Although they are actually reduced, their reduced form is very similar to their full form, and you can safely assume that they keep their full sounds. (This is true when diphthongs occur as unprotected vowels in longer words, including content words. This does not happen very often, but in later units you will hear:

> // FIRST and <u>FORE</u>most //   and
> // her SEAside <u>BUN</u>galow //.
>
> Here, the last syllable in each case is an unprotected sound, but because it is the diphthong /əʊ/ it will not change much from its full pronunciation.)

Circle all the function words that have diphthongs in these examples and practise saying the complete tone units. Then listen to them.

4 // i ASKed why she was sitting in my <u>CAR</u> //

5 // my DAUGHter may be <u>ILL</u> //

6 // i NEED to know where she <u>LIVES</u> //

7.13

Listen to these pairs of tone units and repeat them.

1a // but she DIDn't really <u>WANT</u> to take her //

1b // she <u>TOOK</u> her // but she DIDn't really <u>WANT</u> to //

2a // perHAPS <u>YOU</u> can help me //

2b // i NEED someone to <u>HELP</u> me // perhaps <u>YOU</u> can //

3a // perHAPS <u>I</u> // should give her some <u>HELP</u> //

3b // perHAPS i should <u>HELP</u> her //

Why do you think 'to' is pronounced differently in (1a) and (1b), 'can' in (2a) and (2b) and 'her' in (3a) and (3b)?

> Some unprotected vowels are given their full sounds when they come in the last word of the tone unit. In (1b) 'to' therefore has a /u:/ sound, and in (2b) 'can' has an /æ/ sound, compared with the reduced sound /ə/ which they have in (1a) and (2a).
>
> The difference between the sounds in 'her' in (3a) and (3b) may not be so obvious. The sounds /ə/ and /ɜ:/ are very similar except in the matter of length: the most noticeable effect of not reducing the unprotected sound in (3b) is that it is longer than the corresponding sound in (3a).

Listen to these pairs of tone units and repeat them. Pay special attention to the vowels in the last word of the tone unit.

4a // she <u>THOUGHT</u> // there was a <u>PUB</u> //

4b // but she ONly <u>THOUGHT</u> there was //

5a // i <u>MEANT</u> // that you should turn <u>LEFT</u> //

5b // but you DIDn't <u>SAY</u> that //

≫→

6a // she <u>STOPPED</u> // at the <u>TRA</u>ffic lights //

6b // but WHICH lights did she <u>STOP</u> at //

7.14

Length is also the most noticeable difference between the full and reduced form of an unprotected vowel in the following pairs of tone units. Listen to them carefully and repeat them.

1a // she deLIBerately went past the <u>EX</u>it //

1b // she WENT past the <u>EX</u>it // deLIBerately //

2a // she <u>SWUNG</u> // SMARTly <u>ROUND</u> //

2b // she SWUNG <u>ROUND</u> // <u>SMART</u>ly //

3a // NObody <u>KNOWS</u> // what <u>HA</u>ppened //

3b // he MUSt have told <u>SOME</u>body //

> If you try, you will find it is easy to exaggerate the length of the final syllable in (1b)–(3b), but not so easy to do so in the case of the corresponding '-ly' and '-dy' syllables in the other three examples. The difference between the two vowel sounds in these examples is not very great, however; and you should, in any case, remember that, as they are unprotected vowels, they should not be treated as targets. The difference should be thought of as an example of the variation that we expect in the pronunciation of unprotected vowels. The sound that you actually use is the result of *not being too concerned about it* rather than of deliberate and careful choice.

Listen to these pairs of tone units and repeat them. Focus upon the unprotected vowel that comes at the end of the first one in each pair. In saying them aloud to a partner, you will find that it is comparatively easy to lengthen this vowel, but less easy when the similar vowel occurs in the second example. (Take care that in trying to lengthen the vowel you do not break the example into two tone units.)

4a // the STREET was <u>EM</u>pty //

4b // an EMpty <u>STREET</u> //

5a // FORty or <u>FIF</u>ty //

5b // about FIFty <u>YARDS</u> //

6a // he's NOT very <u>HA</u>ppy //

6b // he's NOT very <u>HA</u>ppy about it //

7a // we must con<u>SI</u>der // it <u>SE</u>riously //

7b // we must SEriously con<u>SI</u>der // in<u>CREA</u>sing them //

8a // it was a LIttle old LAdy //

8b // there was an OLD LAdy sitting there //

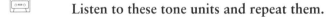 There is one example to which the 'rule' above does not apply. Can you spot it and explain it?

> In (6b) the last sound of 'happy' *can* be lengthened. This is because it is followed immediately by another vowel sound: 'happy about'. When this happens, the 'rule' that accounts for the difference no longer applies. We can turn it into an example which *does* obey the rule by changing it to:
>
> // he's NOT very HAppy though //.

7.15

Listen to these tone units and repeat them.

1 // she ASKED // her where it WAS //

2 // there are TRAffic lights // AND a roundabout //

3 // but i HAVEn't seen HER // for Ages //

> Monosyllabic words with unprotected vowels, like 'was', 'and' and 'her' are usually used non-prominently: that is to say, they do not usually occupy a selection slot. In these three examples, they *are* selective and are therefore made prominent. When this is the case, they always have their full vowel sound.

In these pairs of tone units a function word which is not prominent in the first tone unit is made prominent in the second. Listen to the pairs and repeat them, giving special attention to the sound of the unprotected vowel.

4a // it DOESn't seem to be THERE //

4b // it DOESn't SEEM // to BE there //

5a // i'm TRAVelling to YORK //

5b // i was TRAVelling TO york //

6a // there'll be eLECtions for them //

6b // there'll be eLECtions for THEM //

7.16

If you need more examples of tone units in which the unprotected vowel of a function word has its full value, for one of the reasons given in Tasks 7.13–7.15, turn to Exercise 50 in the Appendix (on p. 146) and listen to it.

Summary

1 Not all words have the same kind of significance in conveying a message. Some carry meanings which can be taken for granted in their contexts but others occur at points where more than one meaning might reasonably be thought possible. When you make one syllable of a word prominent, you are effectively telling your listener that this word occupies a **selection slot**.

2 A tone unit may have either one or two prominent syllables. It may therefore have either one or two selection slots.

3 There is no selection unless some significant alternatives are possible: words which are merely alternative labels for what amounts, for present purposes, to the same thing, do not count as selective.

4 In considering whether a word occupies a selection slot or not, we always have to consider the total context in which it is being used.

5 The pronunciation of unprotected vowels may vary between a full sound and no sound at all. Most often, they tend towards the reduced sounds /ə/ and /ɪ/. It is possible, however, to describe some conditions in which full pronunciation of an unprotected vowel can be expected:
   a) when it is followed by another vowel;
   b) when it is a diphthong;
   c) sometimes when it occurs in a monosyllable which comes at the end of a tone unit;
   d) when it is selective and therefore made prominent.

UNIT **8** Can you explain to us...?

Part 1

Listening for meaning

Mr Tom Williams has definite opinions about the way Britain's transport system should be organised. He is asked to explain his views in a radio interview on the day he is due to address the National Transport Conference. Listen to the first part of the interview and stop the cassette when you hear the 'bleep'.

Working with a partner, make a list of as many reasons as you can think of that Mr Williams might be going to give for wanting to reduce the number of private cars in use. Then listen to some more of the interview. As each new reason is advanced, stop the cassette again and discuss possible objections to the speaker's point of view.

Listening to intonation

8.1

Listen to these two extracts and decide what tone is used in the transcribed tone units.

1 (. . . the resulting accidents make) //   e<u>NOR</u>mous // (demands on medical

services)

2 (. . . but if we had to rely on) //   <u>PUB</u>lic transport // (as you're suggesting . . .)

Why are the tones different?

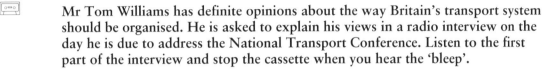

Mr Williams has already spoken of 'public transport' so the interviewer can recall his mention of it with a referring tone (a fall-rise); but the interviewer seems not to be aware that the demands made upon the medical services are 'enormous' so he says this with a proclaiming tone.

Listen again and see if you notice anything else about the intonation of the two tone units that we have not yet mentioned.

≫→

The pitch movement for both these tones begins by falling. But in // ↘ eNORmous // and // ↘↗ PUBlic transport // it does not fall from the usual level. Both speakers raise their voices to a noticeably higher pitch and begin the fall from there. So, instead of:

eNORmous   we have   eNORmous

and instead of

PUBlic transport   we have   PUBlic transport.

We call this raised pitch level **high key** and we shall use an upward arrow ↑ in front of the prominent syllable to show where the extra step up takes place. The two examples, therefore, have tone and key marked separately, like this:

// ↘ e↑NORmous // // ↘↗ ↑PUBlic transport //.

8.2

Listen to these extracts and use an upward arrow to mark the places at which you hear a rise to high key. (Remember, it occurs at a prominent syllable and this means that it may come in the middle of a word, as it does in // e↑NORmous //.)

1 // i'm SAYing // we SHOULD // resTRICT // the MANuFACture // and USE of // PRIvate motor cars //

2 // for instance their manuFACture // uses UP // other SCARCE // often irrePLAceable // NAtural reSOURces //

3 // even if you stray aWAY from the towns // OUt of town for instance //

8.3

Listen to these examples and repeat them. While you are doing this, try to decide how the high key affects the meaning in each case.

1 // ↘↗ but the MOtor car // ↘ re↑DUces mobility //

2 // ↘↗ but there are TRAffic jams // ↘ in the ↑COUNtry //

3 // ↘↗ but the eFFECt on the enVIronment // ↘ is over↑LOOKED //

4 // ↘↗ but MISter WILLiams // ↘ was once a ↑KEEN driver //

It is the popular view that motor cars increase, or 'promote' mobility, so when the speaker here says that they 'reduce' it, she is *contrasting* what she thinks is the case with what one might expect. She is saying: 'It doesn't *promote* it, it reduces it.'

Similarly, although we might regard traffic jams as perfectly normal in town, they are not usually expected on 'country' roads. One would not expect sensible people to 'overlook' environmental damage; nor would one expect that someone with Mr Williams's present views could ever have been a 'keen' motorist. When you use high key in situations like these, you point up a *contrast* between what you say and what you suppose would be expected.

8.4

The examples below say something very similar to those in Task 8.3. Use upward arrows to mark the places where you think there will be a rise to high key. Then say them to a partner and compare your versions with those on the cassette.

1 // ↘ we exPECt it to inCREASE mobility // ↘ and it reDUces it //

2 // ↘ we're HELd up in TOWN // ↘ and in the COUNtry // ↘ as WELL //

3 // ↘ we KNOW the environment is THREAtened // ↘ but we overLOOk it //

4 // ↗ he HASn't always thought like THIS // ↘ he was once a KEEN driver //

Can you explain the use of referring and proclaiming tones in these examples?

8.5

In each of the examples below, there is some kind of contrast or contradiction. Before you listen to them use arrows to show:

a) what tone you expect in each tone unit;
b) where you expect the rise to high key to take place.

Then say them to a partner and compare your versions with those on the cassette.

1 //   instead of COpying our mistakes //   the LESS deVEloped countries // should LEARN from them //

2 //   it isn't CLEver to drive dangerously //   it's irresPONsible //

3 //   we DON'T need MORE cars on the roads //   we need FEWer //

8.6

These two examples differ slightly from those you have just been working with. Listen and mark the rise to high key with an upward arrow.

1 // they should be LEARning from our misTAKES // NOT following our exAMple //

2 // WE need to reDUCE // the numbers of CARs on our roads // we DON'T need to inCREASE them //

In both these examples, the tone unit that has high key has two prominent syllables not one. When this is the case, the upward step occurs in the first prominent syllable.

// they should be ↑ LEARning from our misTAKES //
// ↑ WE need to reDUCE //

It may look as though there are two ways of indicating high key. This is not so, however. The simple rule is that you rise to a higher pitch *at the first prominent syllable in the tone unit*. If there happens to be only one of them, that one is both the first and the last.

As in Task 8.4, try to predict where there will be rises to high key in these tone units. Then check your predictions with the cassette.

3 // it's IrresPONsible // to DRIVE DANgerously // it's NOT CLEver //

4 // we CAN't aFFORD // to waste NAtural reSOURces // we OUGHT to be SAving them //

8.7

Listen to the replies in these exchanges and use an upward arrow to mark high key in each case.

1 A: Excuse me. Is Market Street near here, please?

B: // i'm SOrry // i DON'T KNOW //

2 A: So I turn left at the roundabout?

B: // well ACtually // at the TRAffic lights //

In (1) the first speaker assumes that the other knows the whereabouts of Market Street. The second speaker has to correct that assumption. In (2) the first speaker also makes an assumption. This time it is of a different kind but it is similarly in need of correction.

We usually try to avoid offending people when we correct or contradict their assumptions. This can often be done by saying something with a referring tone before going on to the correction. In these examples, // ↘ i'm SOrry // and // ↘ well ACtually // serve this useful 'softening' purpose.

The reason this works is that a referring tone provides a basis of *common ground*: we can avoid immediate confrontation by saying something that we can agree about first. It can be assumed that both speakers appreciate that the second is 'sorry' at not being able to help; and 'actually' contributes very little to the message beyond preparing the way for the contradiction to come. Often this preliminary tone unit also has high key, as it does in (1) and (2).

Work in pairs, and make up correcting responses to these questions or assertions, using the suggestions given. Take care particularly with the 'softening' referring tone and the following contradictory high key.

3 A: You know that book I lent you some time ago. Have you finished with
it yet?
   B: Don't you remember . . .   (. . . you took it back.)
4 A: I suppose the two fifty-seven is an express?
   B: Unfortunately . . .   (. . . it stops at every station.)
5 A: I'm sure you agree with Mr Williams.
   B: To tell you the truth . . .   (. . . you don't agree with him.)
6 A: You knew Mary, of course?
   B: Not really . . .   (. . . she was after your time.)

Compare your versions with those on the cassette.

Now respond to the statements below in the same way, but this time use your
own choice of 'softener'.

7 Val was very foolish to give the old lady a lift.   (She may have been genuinely
ill.)
8 Mandy called David from the Coach and Horses.   (The pub was called the
Horse and Groom).
9 Dr Thomson was a well-known historian.   (She was a philosopher.)

8.8

Whenever you used a referring tone in Task 8.7 you chose a fall-rise version.
Why is it better to avoid using a rising tone in such circumstances?

8.9

Work in pairs. One of you should make one of the statements below about Mr
Williams and his views. (You have not been listening very carefully to the
interview!) The other, who *has* been paying attention, should agree or disagree
with them. For instance, a disagreeing response to 'So Mr Williams thinks that
young drivers who take risks are clever' might be:

// ↘ i DON'T think he <u>DOES</u> // ↘ he says they are irre↑<u>SPON</u>sible //.

Continue with the other statements. Remember, when you are disagreeing, to use
a 'softener' with a fall-rise tone: (e.g. 'Not really . . . ', 'Do you think so?', 'That
isn't what I thought . . . ', etc.) before you use a high key correction.

1 So Mr Williams thinks that young drivers who take risks are clever.
2 Mr Williams was the interviewer then?
3 He was going to attend a conference.
4 He was sympathetic towards everyone who was involved in a road accident,
wasn't he?
5 He thought multi-storey car parks were ugly.
6 He had always been critical of car drivers.
7 He thought cars were responsible for much ecological damage.

Then compare your responses with those on the cassette.

8.10

'The less developed countries should learn from the mistakes of the more developed ones, not follow their example.' There are many activities, apart from transport, about which this might be said (clothing, music, fast food, etc.). Work in pairs or small groups. One of you should suggest some matters in which slavishly following the lead of the 'more developed' countries could lead to – or *has* led to – disaster. The other(s) should take the contrary view. Take care over how your disagreements are expressed.

Part 2

Listening to sounds

Target position 4
Consonants that follow the vowel of prominent syllables, but do not end the tone unit

Single consonants:	// it's been TAken <u>OFF</u> //
Clusters of two or more consonants:	// it's been <u>CAN</u>celled // // PUBlic <u>TRAN</u>sport //

8.11

Listen to these pairs of tone units and repeat them, giving special attention to the target sound.

1a // there were TOO many mis<u>TAKES</u> //

1b // our TOpic for to<u>NIGHT</u> //

2a // the WAY to <u>MAR</u>ket street //

2b // WAIt a <u>MO</u>ment //

In the first example in each pair, the target sound is part of a new word which follows the completion of the prominent syllable:

'TOO + **m**any' and 'WAY + **t**o'.

In the second example the sound is a continuation of the same word:

'TOpic' and 'WAIt a'.

In ordinary relaxed speech the difference is usually ignored: the target consonant is best thought of as belonging to the next syllable, whether it begins a new word or not. This is to

> say that, in cases like 'TOpic' and 'MARket', it is not treated as part of the prominent syllable. There should, of course, be no break at any point in the tone unit, but it is better that you think of the syllable division as:
>
> TO + pic   WAI + ta
>
> than as
>
> TOP + ic   WAIT + a.

8.12

Practise saying these tone units, making sure that you attach the target consonant to the following vowel. Then listen to them.

1 // it's been TAken OFF //
2 // to TAke up a POST //
3 // a LIfe of ARnold //
4 // there was a BIt of a FUSS //
5 // on a PERmanent BAsis //
6 // on THAt oCCAsion //

8.13

Listen to these tone units and repeat them, giving special attention to the two consonants that are targeted.

1 // there's ONE important reMINder //

2 // a GOOd aTTENdance //

> Both 'reMINder' and 'aTTENdance' are spoken as if the first of the two consonants /n/, belonged to the prominent syllable, and the second, /d/, belonged to the syllable that follows it. Again, there should be nothing like a pause between sounds, but the division into syllables is like this:
>
> reMIN + der   aTTEN + dance
>
> rather than
>
> reMIND + er   aTTEND + ance.

8.14

In each of the tone units below there are instances of two-consonant sounds following the vowel of a prominent syllable. For instance, the cluster /st/ follows /əʊ/ in 'most'. Circle all the two-consonant clusters that occur in this target position. Then listen and repeat the tone units. Notice that the first consonant is made part of the prominent syllable and the second is made part of the following non-prominent syllable.

1 // for MOSt of your LIFE //

2 // JUSt a MOment //

3 // FIRSt and FOREmost //

4 // it GOES via MANchester //

5 // from PLATform THREE //

6 // we should CONcentrate // on PUBlic transport //

> The way we use upper- and lower-case symbols usually recognises the way sounds are attached to one syllable or the other. Thus
>
> // we should CONcentrate // on PUBlic transport //
>
> makes it clear that /n/ and /b/ are attached to the prominent syllable while /s/ and /l/ are not. Spelling conventions sometimes make it impossible to be consistent in doing this however. For instance, the two sounds that are represented by the letter 'x' in
>
> // take the FIRST EXit //
>
> can only be separated if we use phonetic symbols: /gz/.

8.15

Look at these tone units and circle all the two-consonant sounds in them which follow the vowel of a prominent syllable. Be prepared for the spelling to disguise the two sounds you are concentrating on in various ways. Then listen to the tone units and repeat them. The phonetic symbols tell you what sound to use.

1 // the reCEPtion area //   /pʃ/

2 // MISter WILLiams //   /lj/

3 // they produce CARbon diOXide // /ks/

4 // our ANNual MEEting //   /nj/

5 // our URban CENtres //   /nt/

6 // a NASty ACcident //   /ks/

8.16

Listen to these tone units. They both have three consonant sounds after the vowel in one of their prominent syllables. Repeat them.

1 // he SEEMs to be STUCK //

2 // in GREAT quantities //

> When there is a cluster of three consonants, only the first is treated as part of the prominent syllable. In these examples, both /st/ and /kw/ are made part of the following, non-prominent, syllable. Notice that in (2) the middle sound is a plosive /tkw/. In these circumstances, it is sounded only very lightly: often it can scarcely be heard.

Listen to these examples and repeat them, taking care not to give undue emphasis to the 'middle' plosive sounds.

3 // he HAD an old BENtley or something //

4 // he rePLACed that man who got MOVED //

5 // he LEFt round about the same TIME //

6 // i exPECt she's GONE //

7 // it's NOT like the OLd coffee room //

8 // i CAN't reMEMber //

8.17

In these examples, the 'middle' sound in the three-consonant cluster is identical to the sound that immediately precedes it. In these circumstances, it is not heard at all except in very careful speech. Try speaking them both *with* the middle consonant sounded and in the more relaxed way you will hear on the cassette.

1 // the FIRST turning // is a CUL de sac //

2 // ARthur's still THERE //

3 // is THAT the eXACt title //

4 // toNIGHT's SPEAker //

5 // she WENt to INdia //

6 // perHAPs SOMEone // can TELL me //

8.18

Listen to these tone units and repeat them, paying special attention to the first consonant sound in the cluster of two or three.

1 // it's NEAR the <u>BANK</u> //

2 // QUITE <u>FRAN</u>kly //

> When the first consonant in a two- or three-consonant cluster is represented in spelling by the letter 'n' and is followed by /k/, it usually has the pronunciation /ŋ/.

Say these tone units before listening to them.

3 // CONcrete <u>BEN</u>ches //

4 // i <u>THINK</u> he did //

5 // THANK you very <u>MUCH</u> //

6 // she TOOk out a <u>HAN</u>dkerchief //

8.19

Listen carefully to these tone units and repeat them.

1 // the ANNual <u>GEN</u>eral meeting //

2 // he SHOULD be here this <u>EV</u>ening //

> Often, when the spelling suggests that there is a vowel following the prominent syllable, and this in turn is followed by an NLA consonant, the vowel is not actually sounded. So // . . . GENeral . . . // sounds like /djenrəl/, and // . . . EVening // sounds like /iːvnɪŋ/. As there are now two consonant sounds in the target position the first is attached to the prominent syllable and the second to the following syllable in the usual way.

Circle any vowels that you think might be unsounded in these tone units. Say them and then compare your versions with those on the cassette.

3 // COULD he call me at <u>SE</u>ven o'clock //

4 // i'm TRAVelling to <u>YORK</u> //

5 // and FAshionable <u>DRE</u>sses //

6 // it's comPLETEly <u>DIFF</u>erent //

Listen to them again and repeat them.

8.20

 If you need to practise any of the variations that occur in this target position, turn to Exercises 51–4 in the Appendix (on p. 147) and listen to them.

Summary

1 **High key** is marked by a noticeable step up in pitch level at the first prominent syllable of the tone unit.
2 Its function is to mark the contents of the tone unit as being contrary to present expectations.
3 When high key is used to correct or contradict someone, it is good practice to precede it by something said with referring tone.
4 Single-consonant sounds that follow the vowels of a prominent syllable and do not end the tone unit usually sound as if they belong to the next syllable.
5 If there are two or more consonant sounds in this target position the first usually sounds as if it belongs to the prominent syllable and the second as if it belongs to the next syllable.
6 'Middle' consonants in three-consonant clusters in this target position are frequently not sounded.

Part 1

Listening for meaning

 Listen to this item from a broadcast news bulletin. It reports events in Barcelona, where England have been playing in the latest round of the World Soccer Cup. The report contains information about: (a) the progress and outcome of the match; and (b) an incident involving supporters. Working with a partner, prepare two separate short news items for reading, one concerned exclusively with the game and one concerned exclusively with the behaviour of the spectators.

Listening to intonation

9.1

 Listen to the beginning of the report again and read the transcript of it.

// ↘↗ in BARceLOna today // ↘ suPPORters CLASHED // ↘↗ when ENGland

played their world CUP match // ↘ against SPAIN // → the PREsent // ↘ CUP

HOLders // ↘ ENGland had HELD // ↗ the CHAMpions // ↘ to ONE ONE //

↘ until HALF TIME // ↘↗ but SOOn after play was reSUMED // ↘ a PEnalty //

↘ was awarded aGAINst them //

○┱ Working with a partner, try to decide:

a) why these words are made non-prominent in the reading:
   today   played   match   play   awarded;
b) why the first occurrence of 'against' is not prominent and the second is;
c) why certain tone units have referring tones.

9.2

Look at the following transcript and use arrows to show where you would use referring tones (either fall-rise or rising tones) and where you would use proclaiming tones (falling) if you were reading the news.

1 //   the deCIsion caused UProar //   among a GROUp of ENGland //

FANS //   and THIs in TURN //   triggered an ANgry //   resPONSE //

from some oPPOsing supporters //   in an adJOIning SECtion //   of the STAND //

Read your transcript aloud before comparing it with the version on the cassette.

Now listen to another bulletin about the same event which was broadcast later the same evening. Use arrows to mark the tones on the transcript below.

2 //   the deCIsion caused UProar //   among a GROUp of england FANS //   and THIs in TURN //   triggered an ANgry resPONSE //   from some oPPOsing suPPORters //   in an adJOIning SECtion //   of the STAND //

Can you think of any reason for there being some differences between the two versions, and perhaps between either version and your own?

The intonation of this kind of reading is similar in many ways to that of face-to-face conversation. What is different, though, is the reader's (or speaker's) relationship with the listener.

In much conversation, speakers know enough about their listeners to be able to predict fairly accurately what will be news and what will not. Newsreaders have to deal with a different kind of situation. There are likely to be many thousands of listeners, and what will be news to some will not be news to others. Such facts as that 'England have today been playing a World Cup match against Spain in Barcelona' will probably be known to the majority of listeners, but not to a sizeable minority. It follows that there is no 'correct' intonation which will suit everybody. In choosing a version which puts all this information in tone units with referring tones, the reader judges that this is the version that will be most helpful for the largest number of listeners.

9.3

Suppose now you are the journalist who was sent out to cover the match. You are telephoning your report back to your office. Your partner is at the other end of the line and has to key your report into a word processor or write it down as you read it. This is what you have written and have to read out:

Supporters clashed during play in the World Cup match here today. England had held the champions to one one until half time but soon after play was resumed a penalty was awarded against them. The decision caused uproar among a group of England fans and this in turn provoked an angry response from some opposing supporters in an adjoining section of the stand.

Read it out, remembering to give your partner plenty of time to take it down. (Unless you have a keyboard available, your partner will have to write it.)

Compare what you have just done with the reading on the cassette. Use arrows to indicate the tones the reader uses.

//   suPPORters <u>CLASHED</u> //   DURing <u>PLAY</u> //   in the WORLD cup <u>MATCH</u> //   here to<u>DAY</u> //   <u>ENG</u>land //   had HELD the <u>CHAM</u>pions //   to ONE <u>ONE</u> //   unTIL half <u>TIME</u> //   but <u>SOON</u> //   after PLAY was re<u>SUMED</u> //   a <u>PE</u>nalty //   was aWARded a<u>GAINST</u> them //   the de<u>CI</u>sion //   caused <u>UP</u>roar //   among a <u>GROUP</u> //   of england <u>FANS</u> // and THIs in <u>TURN</u> //   pro<u>VOKED</u> //   an ANgry res<u>PONSE</u> //   from some o<u>PPO</u>sing //   su<u>PPOR</u>ters //   in an ad<u>JOI</u>ning <u>SEC</u>tion //   of the <u>STAND</u> //

Can you explain why one particular tone is used so frequently in this kind of reading aloud?

> Usually, when we speak, we are concerned with the message and how it will affect our listener: we say we are 'telling' or 'asking' the listener about something. The same applies when newscasters read the news. But the journalist who is sending back his copy is doing something different. He does not suppose that the receiver will necessarily have any interest in events in Barcelona at all: he just *wants to be told what to take down*. The journalist can therefore treat what he says simply as *a form of words*: 'These are the words I want you to key in . . .'. In a sense they do not amount to a message about what happened in Barcelona: it is simply a message about which keys to press. When we read things out like this, or *dictate* them, we make frequent use of **level tone**.

9.4

Listen to these extracts from the dictated version and repeat them.

1 // → the de<u>CI</u>sion // → caused <u>UP</u>roar //

2 // → among a <u>GROUP</u> // ↘ of england <u>FANS</u> //

3 // → and THIs in <u>TURN</u> // → pro<u>VOKED</u> // → an ANgry res<u>PONSE</u> //

4 // → from some o<u>PPO</u>sing // → su<u>PPOR</u>ters //

5 // → IN an adjoining <u>SEC</u>tion // ↘ of the <u>STAND</u> //

Now listen to how the second reader says this part of the news item and repeat each extract.

6 // ↘↗ the de<u>CI</u>sion caused <u>UP</u>roar //

7 // ↘ among a <u>GROU</u>p of england <u>FANS</u> //

8 // ↗ and this in <u>TURN</u> // ↘ triggered an ANgry res<u>PONSE</u> //

9 // ↗ from some oPPOsing suPPORters //

10 // ↗ in an adJOIning SECtion // ↘ of the STAND //

9.5

We have now encountered level tones in two different kinds of situation:

a) the speaker needs time to put together the language necessary for transmission of a message (e.g. the chairperson at the Philosophical Society meeting);
b) the speaker gives the listener time to deal with a 'parcel' of language.

In both cases, the attention is diverted away from the message and towards the words that the speaker is using.

The tone units below are from Units 8 and 9 and include level tones for one of these reasons. Listen to them, repeat them and try to decide which of the two reasons, (a) or (b), applies in each case.

1 several committee members have also expressed a wish to stand down for one reason or another

2 we are in fact er going into the red in a rather serious way

3 possibly due to the flu epidemic and erm and and the storms and unseasonal weather outside

4 i think first and foremost there's there's what i call the environmental case

5 their manufacture uses up other scarce often irreplaceable natural resources

6 they're essentially they're essentially short-lived articles

---

HOW DOES IT HELP?

Most often when we speak we focus upon the message and upon how that message will impinge upon our listener. For instance, we either proclaim or refer depending upon what we think is shared background at the particular moment of a particular relationship. This requires us to be constantly aware of the state of that relationship.

When we use a level tone, we are preoccupied for the time being with the language we are using and not with the way our message relates to a listener. The change may come about as a result of problems we are having in putting the language together, as seems to be the case in these examples. Alternatively, it may be a deliberate device for telling listeners not to treat what is being said as a message: they should regard it as simply a piece of language.

9.6

In Unit 8 we introduced high key. Listen now to some examples in which speakers make use of *low key*. You should concentrate upon what happens in the last tone unit of each.

1 // ENGland // were playing the PREsent champions // SPAIN //

2 // the WInning goal // was scored by MARcos // the SPAnish CAPtain //

> We have seen that high key is indicated by a jump up to a higher pitch at the first prominent syllable in the tone unit. If there is a jump down at this same point, **low key** is chosen. There is a jump down in:
>
> // ↓ SPAIN //   and in
> // the ↓SPAnish CAPtain //.
>
> What is the function of low key? Notice that in (1) and (2) above, the tone units which have low key use different words to restate what has just been said. So 'Spain' is known to be another way of saying 'the present champions', and 'the Spanish captain' is known to be the same person as 'Marcos'.
>
> We can compare the use of low key with that of high key. If high key means something like 'this is *not* what would be expected', low key means 'this is *exactly* what would be expected'.

9.7

Working with a partner, use a downward arrow to show which tone units you would expect to have low key in the following examples. Remember that the step down in pitch will occur at the first prominent syllable in each case.

1 // TRAffic congestion // is JUSt as SErious // OUt of town // in the COUNtry //

2 // i LOOKed across at my PAssenger // the LIttle old LAdy //

3 // JUSt a MOment sir // i'll SEE if he's IN //

4 // JANE // JANE PARKS // is LEAving // to go to GLASgow //

5 // our NEXT MEEting // the MARCH meeting that is // will be our ANNual
    GENeral meeting //

 Check your predictions with the cassette. Then repeat the examples.

9.8

Listen to these examples and repeat them, trying to reproduce all the intonation features, including the use of low key. Rewind as many times as you need to before going on to the next example.

1 Our speaker for this evening – Dr Agnes Thomson – is well known to most of you.
2 Yes, it's the same platform – platform three.
3 Is that near the maps and things, over there?
4 All the senior staff – people like Arthur – are on the ground floor.
5 Market Street, the street she was looking for, was just a little further along.

9.9

On the day after the meeting of the Philosophical Society (see Unit 5), you have the job of thanking Dr Thomson for her talk, which members found very interesting indeed. Dictate a letter of thanks to your secretary (a partner) composing it as you dictate.

Then telephone Dr Thomson (again your partner) saying roughly the same thing.

Compare the two, using tape recordings if this is possible.

Part 2

Listening to prominence and sounds

In Unit 5 we saw what happens when words of more than one syllable are *cited*, that is to say, when they are spoken on their own with no context. The most common tone unit pattern for such citation forms has one prominent syllable. If the person who was taking down the journalist's report had failed to hear a particular word and asked for it to be repeated, the journalist might have said, for instance:

// PEnalty //, // CHAMpions // or // suPPORters //,

meaning 'The word I said was . . .'.

We also saw in Unit 5 that in words of more than one syllable the vowel of the prominent syllable is protected: it keeps its full sound even when it does not actually have prominence.

9.10

Listen to the citation forms of these words and repeat them.

Barcelona   referee

Which syllables are prominent in these examples?

> The citation of words like these is represented in most dictionaries as having a 'secondary' stress in a syllable before the one which has 'primary' stress":
>
> ²Bar ce ¹lona
> ²ref e ¹ree
>
> What this really means is that when these words are cited they follow the two-prominence pattern that is a common alternative to the one-prominence pattern among tone units.
>
> Both 'secondary' and 'primary' stress signify prominence, and the latter indicates additionally where the tonic syllable is.
>
> When there are two prominent syllables in the citation form of a word the vowel sound in both is protected.

9.11

In Unit 8 Mr Williams used the word 'irresponsible' with reference to the behaviour of certain drivers. We might say:

1 // ↗ the WORD he <u>USED</u> // ↘ was IrresPONsible //

Listen to this and repeat it.

You can make a similar statement about other words he used, like this:

// ↗ an<u>O</u>ther word he used // ↘ was . . .

Make statements like this with these words, each of which has two prominences in its citation form.

2 manufacture
3 environmental
4 devastation
5 international
6 architecturally

Compare your versions with those on the cassette.

9.12

Listen to these tone units. This time, some of the words you cited in Task 9.11 are used, not as citations, but as part of a message. Circle the prominent syllables and repeat the tone units.

1 (Well, really) // the problem's an environmental one //

2 (It causes) // complete devastation // (of our city centre)

3 (Multi-storey car parks are not usually) // successful architecturally //

4 (To reduce the number of cars) // we must restrict their manufacture //

5 (Behaviour like that is) // totally irresponsible //

How does the pronunciation of the words here differ from their pronunciation in Task 9.11?

> The function of prominence is to mark a word as a selection. So, in (1) the speaker indicates that it is an *environmental* problem that is under discussion, not – for instance – an *economic* or *aesthetic* one. The occupants of the selection slot might be represented as something like:
>
> | an | environmental economic aesthetic | one |
>
> But the word makes only one selection, and to do this it is not necessary to make more than one syllable prominent. While a word may have two prominent syllables in its citation form, it is usually given only one when it is used as part of a message. In Task 9.12 we had:
>
> // the PROBlem's an environMENtal one //
> // it causes comPLETE devasTAtion //
> // must reSTRICT their manuFACture // etc.
>
> If we speak of words like these as 'two-prominence words', we must keep in mind that we are referring *only* to what happens when they are cited.

9.13

Listen to this example, which uses one of the 'two-prominence words', 'environmental', that was in Task 9.12. Repeat it, and decide how its pronunciation differs from how it was pronounced there.

1 The motor car is an environmental and safety hazard.

≫→

105

> When one of these words comes early in the tone unit, so that its prominent syllable is the first one in the tone unit, the syllable which is prominent is the one which has secondary stress in the citation form. Compare:
>
> // the PROBlem's an environMENtal one //
> // an enVIronmental and SAFEty hazard //.

Listen to these examples and repeat them. Circle the prominent syllables. Then, working with a partner, compare the pronunciation of two-prominence words with the way they were pronounced in Task 9.12.

2 It brings devastation and destruction of our city centres.

3 An architecturally pleasing car park just defies imagination.

4 We need to impose restrictions on their manufacture and use.

5 We simply can't tolerate such irresponsible behaviour.

> When you use a 'two-prominence word' in a message, and wish to show that it is selective, you must make one of the two syllables prominent. Which one depends on whether it is going to be the tonic syllable or an earlier prominent syllable in the resulting tone unit. Remember that the word in question *may* not be selective and will therefore have no prominence at all. This pyramid diagram shows some of the patterns that are possible.

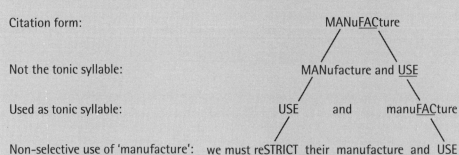

Citation form: MANuFACture

Not the tonic syllable: MANufacture and USE

Used as tonic syllable: USE   and   manuFACture

Non-selective use of 'manufacture':   we must reSTRICT their manufacture and USE

9.14

In the last three tasks there have been three different tone units containing the word 'environmental'.

// enVIron<u>MEN</u>tal // (9.11)
// the PROBlem's an environ<u>MEN</u>tal one // (9.12)
// an enVIronmental and <u>SAFE</u>ty hazard // (9.13)

To these we can add one in which the word is not selective:

// it aMOUNTS to an environmental di<u>SAS</u>ter //

Use all of these examples to construct a pyramid like the one above.

Then do the same with the three tone units that have involved the use of the word 'devastation'.

Complete the pyramid by inventing an example in which the word is not selective.

> Syllables which are prominent in citation forms have protected vowel sounds. They therefore keep their full sounds even in tone units where they are not prominent.

9.15

The protected vowels in non-prominent syllables are boxed in this diagram:

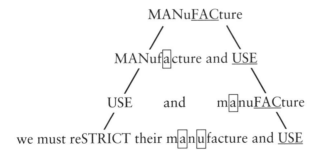

Say each tone unit, taking care to give each boxed vowel its full value without making it prominent. At the same time, be sure that you are not attending too particularly to the pronunciation of vowels that are neither prominent nor boxed: their 'neglected' pronunciation should be something like /ə/.

Then mark the protected vowels of 'environmental' and 'devastation' in the diagrams you made in Task 9.14. Say them, paying attention to the same features.

9.16

Sometimes speakers introduce citation forms into their speech for special effect. When Mr Williams says:

// ↘ it's IrresPONsible //

he is not just saying what he thinks of the behaviour of certain drivers: he is saying in effect 'The only word to describe such behaviour is "irresponsible"' – a fairly common way of underlining one's comment.

With a partner, listen to some extracts from the interview in which some of the 'two-prominence words' occur. Decide whether the speaker is using a citation form or not.

1 environmental
2 environmental
3 irreplaceable
4 architecturally

Summary

1 When you read aloud, you may assume that: (a) your readers are interested in the message in much the same way as they would be if you were simply speaking to them, or (b) their interest is limited to the words you are using.
   a) In this case your intonation is similar to what it would be in conversation, except that reading often takes place in situations where readers and listeners have a less detailed understanding of the relevant shared background. It is sometimes necessary, therefore, to be satisfied with a working approximation to an appropriate intonation.
   b) Here, **level tones** are used in a fairly mechanical way, the length of the tone unit depending only upon how many words the speaker happens to have been able to assemble in one 'bite', or how many the listener is expected to be able to deal with.
2 The kind of 'oblique discourse' that results from an engagement with the language rather than with the message is common in language classrooms. It is not only that we tend to 'read out' material using predominantly level tones; teaching and learning language often involve us in talking about such things as 'words' and 'sentences', and when these are the focus of interest, rather than the message, the level tone is often the natural choice.
3 Low key is indicated by a step down in pitch at the first prominent syllable in the tone unit. It is used to mark the content of the tone unit as 'just what the listener would have expected'.
4 The citation forms of some words have 'primary' and 'secondary' stresses, that is to say, they follow the pattern of the two-prominence tone unit. When such words occupy a selection slot in a message they have only one prominent syllable. Usually it is the second that is chosen, that is, the one having 'primary' stress in the citation form. If, however, the speech is divided into tone units in

such a way that the word carries the first prominence in a two-prominence tone unit, then the earlier syllable (the one having 'secondary' stress) is chosen.

5 Citation forms are sometimes used when we want to foreground a particular word, as something that we have deliberately chosen. Very often the effect is to impart some kind of emphasis of the kind: 'There is just no other word that will convey what I mean – or feel.'

UNIT **10** **Revision: The story so far**

Listening for meaning

You are going to hear a radio announcer introduce the second instalment of a serial. This is about the adventures of a former businesswoman, Penelope Wainwright, who has retired and now lives at the seaside. Listen to the announcer as she reminds us of what happened in the first instalment.

Working with a partner, write down as much as you can remember about each of these characters:

Morgan   Penelope   Helen   Derek.

Check your answers with the cassette.

Listening to intonation and sounds

10.1

Listen to this extract from the announcement and mark in the tones for each tone unit.

1 //   peNElope <u>WAIN</u>wright //   retired to a SEAside <u>CO</u>ttage //   on the SUffolk <u>COAST</u> //

Can you explain the choice of tone in // peNElope <u>WAIN</u>wright //?
Identify, and try to explain the tone choices for all the names in these examples.

2 //   <u>HE</u>len // TOOk over the <u>RU</u>nning // of the <u>SHOP</u> //

3 //   <u>DE</u>rek // a<u>GREED</u> // <u>ON</u>ly // ON the con<u>DI</u>tion // that they KEEP their <u>FLA</u>t on // in <u>TOWN</u> //

4 //   an Uninvited <u>GUEST</u> // at the <u>PAR</u>ty she had given //   was <u>MOR</u>gan //

Why is (4) different from the others?

The speaker assumes that most of the characters in the story are already known to the listeners. She does not have to tell them about Penelope, Helen and Derek: she can refer to them as people who have been mentioned already. Strictly, this applies to Morgan as well, since he too was mentioned in the last instalment. Why, then, is his name proclaimed?

As the extract makes clear, his appearance at the party was a surprise. The announcer underlines this fact by behaving as though her listeners have not heard of him before: she uses a proclaiming tone to tell them. She is trying to recapture the sense of unexpectedness, even though some of them actually know all about it already.

10.2

Here are some questions about some of the people you have encountered in this course. Answer them, using a referring tone when you mention the name. Mark in the tones in the answers. Say them all before you listen to the cassette.

1 A: Who was Doctor Agnes Thomson?

  B: // ↘↗ doctor AGnes THOMson // ↘ was the SPEAker // ↘ at the MEEting //

  ↘ of the philoSOphical society //

2 A: Who was Mandy?

  B: //   MANdy //   was the PERson who rang DAvid //   to ASK the

  way to his HOUSE //

3 A: Who was Mr Tom Williams?

  B: //   TOM WIlliams //   addressed the NAtional TRANsport

  conference // (about the problem of the private motor car)

4 A: Who was Tony?

  B: //   TOny //   was a FORmer COlleague //   of SUE'S // (who left the

  company several years ago)

5 A: // Who was Elizabeth?

  B: //   it was eLIzabeth // (who was looking for an address in Market Street)

10.3

Working with a partner, test each other's memory of other people who have been mentioned in the course. Use a referring tone in all your answers in the way you did in Task 10.2.

10.4

Listen to this example.

1 A: Who did David give directions to?

B: // ↘ the <u>PER</u>son // ↗ david gave di<u>REC</u>tions to // ↘ was <u>MAN</u>dy //

Here too, the answer includes the name of one of the characters in the story, but this time the name is proclaimed. Can you say why?

> The question makes it clear that the speaker knows that David gave directions to someone. What she needs to be told is *who*.

Listen to these questions and answers and mark in the tones in the answers. Why are proclaiming tones used in some tone units and not in others?

2 A: What book was the customer looking for in the bookshop?

B: //   a <u>LIFE</u> of <u>AR</u>nold //   was the book he <u>WAN</u>ted //

3 A: Who was moved downstairs when they reorganised the office?

B: //   the <u>PER</u>son they moved down<u>STAIRS</u> //   was <u>AR</u>thur //

4 A: Who was Susan trying to contact when she spoke to Jane on the phone?

B: //   it was <u>TO</u>ny //   she wanted to <u>SPEAK</u> to //

10.5

Look again at the transcriptions of the replies in Tasks 10.2 and 10.4. Make a list of all the words containing a protected vowel which do not also have prominence in this context. Mark the vowels with boxes.

10.6

Read what the announcer says about Morgan in (1a) below, and listen to it. Then listen to the different version which follows it. Repeat the part that is transcribed in both versions.

1a // ↘ em<u>BI</u>ttered // ↘ and disi<u>LLU</u>sioned // (by his experiences in Australia)

1b // ↘ em<u>BI</u>ttered and disi<u>LLU</u>sioned // (by his experiences in Australia)

What is the difference between the two?

> Both // ↘ em<u>BI</u>ttered // and // ↘ and disi<u>LLU</u>sioned // have proclaiming tones, so nothing is altered by changing to // ↘ em<u>BI</u>ttered and disi<u>LLU</u>sioned // except that the information is then presented in a single – and therefore bigger – parcel. In the special circumstances of the announcement, presenting it as two separate parcels adds, perhaps, to the dramatic impact: Morgan was *not only* embittered, he was *also* disillusioned.

Each of the following examples has two versions: one in which the transcribed part has two tone units, and one in which it has one tone unit. Listen to the first version, then before listening to the second, say the transcribed part as one tone unit.

2a (These visits) // have exCIted the INterest // of her NEIGHbours //

2b (These visits) // have exCIted the interest of her NEIGHbours //

3a (and an obstacle) // to her SETTling DOWN // in her NEW LIFE //

3b (and an obstacle) // to her SETTling down in her new LIFE //

10.7

There are some occasions when there is not really a choice between presenting information as one parcel and presenting it as two unless there is also a change of tone. In:

// PeNElope WAINwright // retired to a SEAside COttage // on the SUffolk

COAST //

the two parts of 'Penelope Wainwright', 'seaside cottage', and 'Suffolk coast' work together as a single label for: 'the heroine', 'her new residence' and 'its location' respectively. They are very unlikely to be divided into two tone units with a proclaiming tone in each.

The following tone units have occurred in various units in the course. Which of them might easily be divided and which probably would not?

1 // a peDEStrian PREcinct //   5 // the USE and manuFACture //

2 // a ONE way SYStem //   6 // on the SEcond FLOOR //

3 // the diRECT train to YORK // 7 // i'll SEE if he's IN //

4 // she LEFt a LONG time ago // 8 // the WORLD CUP match //

10.8

Listen to an example that is similar to what you heard in the 'story-so-far' announcement at the beginning of the unit. Then listen to one which differs from it. Can you describe the difference?

1a // ↘↗ but reTIREment // ↘ is more eVENTful // ↘↗ than she exPECted //

1b // ↗ but reTIREment // ↘ is more eVENTful // ↗ than she exPECted //

> When the announcer wishes to make reference to something that is already shared, she usually uses the fall-rise tone. The second version uses the rising tone.
>
> Speakers on the radio tend not to adopt a 'controlling' attitude to their listeners. People sitting at home do not want to be treated as a public meeting! But if the announcer were actually reading a story about Penelope, she might very well adopt the more public manner of 'storyteller' rather than that of the informal conversationalist.

Listen to these pairs of examples and use arrows to mark the tones. Repeat them, making sure you change the fall-rise tones to rising tones in the second version.

2a // but it was NOT without oppoSItion // from DERek //

2b // but it was NOT without oppoSItion // from DERek //

3a // MEANwhile // GOssip has REACHed her // about what her SOn in law is doing // in LONdon //

3b // MEANwhile // GOssip has REACHed her // about what her SOn in law is doing // in LONdon //

4a // she is reLUCtant // to tell him OUTright // that he is NOT WELcome //

4b // she is reLUCtant // to tell him OUTright // that he is NOT WELcome //

5a // he TURNed UP // at the PARty she had given //

5b // he TURNed UP // at the PARty she had given //

10.9

Listen to this extract and use upward arrows to mark the prominent syllables where there is a step up to a high key.

// DErek // who at THIRty TWO // has STILL // not lost HOPE // of making the BIG time // in the enterTAINment world // agreed ONly // on the conDItion // that they KEEP their FLAt on // in TOWN //

Why do you think high key is used in these places?

> Listeners are expected to find it surprising that a man of thirty-two should 'still be hoping' to succeed as a songwriter. Having moved out of London, Derek's wife did not expect to keep their flat on, and listeners are expected to find the idea of doing so surprising, too. The tone units with high key signify something that goes against expectations.

10.10

Listen to these extracts and use downward arrows to mark the prominent syllables where there is a drop to low key.

1 // her <u>DAUGH</u>ter // <u>HE</u>len // <u>TOO</u>k over the <u>RU</u>nning // of the <u>SHOP</u> //

2 // but it was <u>NOT</u> without // a <u>CER</u>tain amount of // oppo<u>SI</u>tion // from <u>DE</u>rek // her <u>SONG</u>writer // <u>HUS</u>band //

Why do you think low key is used in these places?

> If we have heard the previous instalment, we shall probably know that 'her daughter' and 'Helen' both refer to the same person. The same applies to 'Derek' and 'her husband'. In both cases the announcer uses low key for the second mention because she assumes that we shall hear it as meaning the same as the first mention.

10.11

This task requires you to remember what you know about the people mentioned in previous units of this book. Work with a partner and decide whether high key or low key is more likely in the transcribed tone units in these examples.

1 (Elizabeth had visited Market Street) // only a <u>WEE</u>k ago //

2 (Mandy had never been to David's town) // she <u>DID</u>n't know it at <u>ALL</u> //

3 (Tony) // had hardly <u>SPO</u>ken to sue // (when they worked in the same office)

4 (The eleven forty-eight to York) // was cancelled <u>YES</u>terday // (as well)

5 (The bookseller thought *The Life of Arnold* might be a novel) // in the <u>FIC</u>tion <u>SEC</u>tion //

6 (Val) // gave a lift to an<u>O</u>ther old lady // (on her way home from the police station)

7 (the chairman was anxious about the next meeting) // the <u>ANN</u>ual <u>GEN</u>eral meeting //

Check your predictions with the versions on the cassette.

> Since Elizabeth had such difficulty in finding her way around it might be surprising that she had been there 'only a week ago'. Saying that Mandy had never been there amounts to very much the same thing as saying 'she didn't know it at all'. You can find similar reasons for choosing either high key or low key in the other examples.

Answer key

UNIT 1

1.1

2 // but it was too late // they'd gone // the street was empty // even the bus driver had gone //

3 // I hurried across // and turned into an alleyway // and started to walk //

4 // it was one of those pedestrian precincts // no cars admitted // with concrete benches // to sit on // and concrete tubs // for plants //

1.5

1 // i passed some shops // bright lights // and bargains // and fashionable dresses // on plastic figures // videos // and fridges and hundreds of shoes // at giveaway prices // leftover gift wrapping // and holly // and snowmen //

2 // she thought there was a pub // in the first street on the left // perhaps they'd know there //

3 // there was just nobody about // i walked on // and took the left turning // where she'd said // and found the pub //

1.6

4 // HOlly // and SNOWmen //
// HOlly and SNOWmen //

5 // there WASn't a PLANT // to be SEEN //
// there WASn't a plant to be SEEN //

6 // i WALKed aLONG // LOOking at the WINdows //
// i WALKed along looking at the WINdows //

1.7

If the shop assistant failed to hear 'street' she would probably still know what Elizabeth was looking for. If she didn't hear 'market' she probably wouldn't.

1.8

1 The fact that it was a 'holiday' job, rather than a 'regular' job has an obvious bearing on how much the assistant knows about the town.
2 She only 'thought' there was a pub, she didn't claim to 'know'.
3 'Left', as opposed to 'right', is crucial to the message.
4 Elizabeth could have decided to walk 'back'; instead she walked 'on'. She wasn't going to give up yet!
5 The time the pub opened is stated as 'seven'; if it had been 'six', she might have thought it was worth waiting.
6 The verb 'do' is the only likely one to be used in connection with 'a job'.
7 In the context, some word meaning 'the district' is fairly predictable. (Of course, she could have said // she didn't KNOW the area //, but then 'area', or another possibility – 'neighbourhood', would have meant the same thing as 'district'.)
8 In 'Perhaps they'd know there', it can be taken for granted that Elizabeth is looking for somewhere where they will 'know'. Is there any other verb that could have been used instead?
9 In 'and took the left turning, where she'd said' there is now no real possibility of it being anything but 'left'. Why?
10 In 'the first street on the left' there is no alternative to 'on', so it does not need special attention. (Compare this with (4).)

1.9

The version on the cassette is as follows:

// there was NO ANswer // i RANG aGAIN // it was GEtting COLD // so i deCIded to go BACK // i SHOUld have come // in the DAYtime // THIS was HOPEless // i could be WAlking aBOUT // ALL NIGHT // and NEver find market street // i WENT BACK // to where the SHOPS were // it was RAIning // HARD // and the PREcinct // was deSERted // i felt VEry // MISerable //

1.10

VOWEL TYPE

1	2	3	4	5
HUrried TUBS ONE	aCROSS CONcrete WASn't	TURNed	Alleyway	STARted DARK ARCHway PLANT

6	7	8	9
WALK	DRIZZling INto SIt WINter	WENT BENches WET	STREET PREcincts SEEN

I.II

1
PASSED	/ɑ:/	FRIdges	/ɪ/	
SHOPS	/ɒ/	HUNdreds	/ʌ/	
BR(I)GHT		SH(OE)S		
L(I)GHTS		GIVE	/ɪ/	
BARgains	/ɑ:/	PR(I)ces		
FAshionable	/æ/	LEFt	/e/	
DREsses	/e/	GIFt	/ɪ/	
PLAStic	/æ/	HOlly	/ɒ/	
FIgures	/ɪ/	SN(OW)men		
VIdeos	/ɪ/			

2
LASt	/ɑ:/	THOUGHT	/ɔ:/	
SHOp	/ɒ/	PUB	/ʌ/	
JUST	/ʌ/	FIRST	/ɜ:/	
DOORS	/ɔ:/	LEFT	/e/	
C(OUL)D		perHAPs	/æ/	
TELL	/e/	TH(ERE)		
MARket	/ɑ:/			

I.I3

1 // EVeryone got (OUT) //

2 // she WASn't sure (WHERE) //

3 // it was TOO (LATE) //

4 // there were STREET (LIGHTS) //

5 // (NO) (CAR)s admitted //

6 // she was just (CLO)sing the DOORS //

7 // she'd (NO) i(DEA) //*

8 // perHAPs they'd know (THERE) //

9 // i WENT round to a (SIDE) door //

10 // it was just HALF past (FIVE) //

11 // she was em(PLOYED) there during the HOlidays //

*Number 7 has two diphthongs.

I.I4

DIPHTHONG TYPE

1	2	3	4	5	6	7
OUT	SNOWmen	WHERE	LATE	LIGHTS	iDEA	emPLOYED
	NO	THERE		SIDE		
	CLOsing			FIVE		

UNIT 2

Listening for meaning

	Place	Directions
1	Cul de sac	Don't turn here.
2	Underpass	Go under.
3	Traffic lights	Turn right.
4	Crossroads	Get in right-hand lane.
5	T-junction	Turn right.
6	Mini-roundabout	Take the first exit.

2.2

1 // ↘ you must TURN RIGHT // ↘ and you'll see a MIni ROUNdabout // ↘ and you want the FIRST EXit //

2 // ↘ you must TURN RIGHT // ↗ THEN you keep GOing // ↗ unTIL you COME // ↘ to a MIni ROUNdabout // ↗ and ON the ROUNdabout // ↘ you want the FIRST EXit //

2.5

1 // ↗ come OUt of the CAR park // ↘ and TURN RIGHT //

2 // ↗ AFter a little WHILE // ↘ you'll see a TURning on your LEFT //

3 // ↘ I'M SOrry // ↘ it's the SEcond turning // ↘ it's NOT // ↗ the FIRST // ↘ so that's the SEcond turning // ↗ on your LEFT //

4 // ↗ and if you GO round THERE // ↘ you'll see some PLAYing fields // ↘ on your RIGHT //

2.6

// ↗ the THING to look OUT for // ↘ is the PLAYing fields // ↗ and SOON after you've PASSED them // ↘ you'll GO under an UNderpass // ↗ AFter THAT // ↗ HANG ON // ↘ you'll BE in hospital LANE // ↘ you'll KNOW // ↗ it's hospital LANE // ↘ because of the HOSpital // ↘ it's a BIG vicTOrian building // ↘ on your LEFT // ↗ and at the ENd of THERE // ↘ you'll COME to some TRAffic lights //

Note: This is the version on the cassette, but some variations could easily be justified. For instance, if Hospital Lane had been mentioned earlier we could have:

. . . // ↘ and after THAT // ↗ you'll be in HOSpital LANE // . . .

2.7

1 // ↗ i THINK the place you're <u>LOO</u>king for // ↘ is in COllege <u>LANE</u> // ↘ it's a RIGHT <u>TURN</u> // ↘ by the <u>SHELL</u> station //

'I think the place you're looking for' amounts really to a repetition of the motorist's 'I'm looking for the technical college'.

2 // ↗ you'll FIND <u>THAT</u> // ↘ on the SAME side of the <u>ROAD</u> //

3 // ↘ i'm aFRAID <u>NOT</u> // ↗ if you GO down <u>THERE</u> // ↘ you WON'T get <u>A</u>nywhere // ↘ it's a <u>CUL</u> de sac //

4 // ↗ well the <u>PROB</u>lem <u>IS</u> // ↘ there are <u>ROAD</u>works // ↘ there's a LOt of con<u>GES</u>tion // ↗ in the <u>CEN</u>tre //

5 // ↘ <u>NO</u> // ↗ i THINK the map you've <u>GOT</u> // ↘ MUST be an <u>OLD</u> one // ↗ COllege <u>LANE</u> // ↘ is in the NEW de<u>VE</u>lopment area //

6 // ↘ a<u>BOU</u>t a <u>MILE</u> // ↗ it's NOT very <u>FAR</u> // ↘ it's the <u>TRA</u>ffic // ↗ that's the <u>BI</u>ggest <u>PROB</u>lem // ↗ at THIS time of <u>DAY</u> //

2.9

// ↘ well you'll HAVE to go <u>BACK</u> // ↗ GO down college <u>LANE</u> // ↘↗ <u>PAS</u>t the <u>TECH</u>nical college // ↘ BACK to the <u>CROSS</u>roads // ↘ GO straight <u>O</u>ver // ↗ <u>THERE</u> // ↗ Over the <u>CROSS</u>roads // ↘ WHERE you've <u>COME</u> from // ↘ THEN turn <u>LEFT</u> // ↘ into WIllow <u>ROAD</u> // ↘ that's con<u>TIN</u>uing // ↘ along the ROAD you were on be<u>FORE</u> // → and <u>GO</u> on // ↗ DOWN <u>THERE</u> // ↗ un<u>TIL</u> you <u>COME</u> // ↘ to a BIG <u>ROUN</u>dabout // ↘ take the <u>SE</u>cond // ↗ <u>EX</u>it // ↘ and you'll be in a LONG straight <u>ROAD</u> // ↗ go RIGHT to the <u>END</u> // ↘ and THEN turn <u>LEFT</u> // ↗ and THAT will <u>TAKE</u> you // ↗ to the <u>MI</u>ni <u>ROUN</u>dabout // ↘ you're <u>LOO</u>king for // ↘ ON park <u>ROAD</u> //

2.10

CONSONANTS AT THE BEGINNING OF PROMINENT SYLLABLES

1	2	3	4	5	6
GO GOing GOT	TOLD TURning TECHnical TERminus TUBS TELL	DOWN DONE DARK DOORS	FIRST beFORE PHONE	CUL de sac CONcrete	PASt PARK PASSED PUB

7	8	9	10	11	12
SEcondary SERvice SIT SAW SAID SOrry herSELF	THAT THAT'S THERE	BY BENches	SHOPS SHOE SHE	VIdeos VIsitor	THINGS THOUGHT

2.12

Voiced	Voiceless
/d/	/t/
/g/	/k/
/b/	/p/
/ʒ/	/ʃ/

Voiced	Voiceless
/v/	/f/
/z/	/s/
/ð/	/θ/

2.14

Plosives	Fricatives
/p/ /k/ /d/ /t/ /g/ /b/	/s/ /ð/ /f/ /ʃ/ /v/ /θ/

U N I T 3

Listening for meaning

Arthur	A senior member of staff who is rather secretive and set in his ways.
Jane	Formerly worked 'upstairs'. She left about two years ago and no one from the office has been in contact with her since.
Ted	Worked with Jane upstairs, and has so far failed to get a different job.
Mary	She is Irish and works in the Accounts Department. She started to work in the office after Tony left, so he doesn't know her.
Sarah	She also works in Accounts.
Jane Harrison	Tony seems to be implying that she worked in Accounts, too, but it is not very clear.
Angela	She was 'rather serious'.
John Fellows	He was moved to Head Office at about the same time as Tony left. It is said that he is doing very well.

3·3

1 // ↘↗ you KNOW everything's <u>CHANGED</u> now // ↘↗ the SEcond <u>FLOOR'S</u> //
↘ comPLETEly <u>DIFF</u>erent //

2 // ↘↗ those THREE little offices that <u>WERE</u> there // ↘ they've <u>GONE</u> //

3 // ↘↗ you KNOW that horrible <u>CO</u>rridor we had // ↘↗ and the little <u>ROOM</u> //
↘↗ where the <u>STOVE</u> was // ↘ <u>THAT</u>'s all <u>GONE</u> // ↘ it's all PLUSH carpet and <u>EA</u>sy
chairs down there // ↗ <u>NOW</u> //

3·4

// ↗ WAIT a <u>MI</u>nute // ↘↗ there was the <u>POST</u> room // ↘↗ and then there was <u>AR</u>thur's
place // ↘↗ and there was the <u>PHO</u>tocopying room // ↘ <u>WHERE</u>'s <u>AR</u>thur // ↘ <u>NOW</u> //

3·5

1 // ↘ <u>WELL</u> // ↘↗ WHAt i'm <u>AC</u>tually looking for // ↘ is <u>MAR</u>ket street //

2 // ↘ <u>WELL</u> // ↘↗ WHAt i su<u>GGEST</u> // ↘ is that you USE the <u>RING</u>road //

3 // ↘↗ if I remember co<u>RREC</u>tly // ↘ she's <u>LI</u>ving somewhere in <u>KENT</u> //

4 // ↘ <u>OH</u> // ↘↗ ALL the <u>SE</u>nior staff // ↘ are on the <u>GROUND</u> floor //

5 // ↘ I think <u>FRI</u>day's // ↘↗ the <u>BEST</u> time // ↘↗ IF you want to catch tom <u>IN</u> //

3·14

Diphthongs			*Long vowels*	
1	... KNOW	/nəʊ/	2 ... KEY	/kiː/
4	... TRY	/traɪ/	3 ... MORE	/mɔː/
5	... BOY	/bɔɪ/	7 ... FAR	/fɑː/
6	... aWAY	/əweɪ/	8 ... NEW	/njuː/
9	... THERE	/ðeə/		

UNIT 4

CONVERSATION 1

Useful facts: author, title, kind of book, publisher, date of publication.
The customer knows only the author and title.

4·1

All these examples have fall-rise versions of a referring tone.

CONVERSATION 2

The 11.48 train to York has been cancelled.
The next direct train is at 13.20 and gets to York at 15.10.
An alternative train, which involves changing at Manchester, leaves from platform two in five minutes' time. It gets to York at 14.48. A ticket bought for the direct route is valid for this route as well.

4·3

All these examples have falling tones.

4·7

3 // ↘ well i'm RAther BUsy // ↗ just at PREsent // ↘ perHAPs you wouldn't mind WAIting for a few minutes //

4 // ↗ aCCORding to the INdicator board // ↗ the NEXT train to YORK // ↘ has been CANcelled // ↘ but NO one seems to know WHY // ↘ i WONder whether YOU can tell me //

4·8

3 // ↗ i THINK so // ↗ the PROBlem IS // ↘ i'm NOT quite SURE //

4 // ↗ well it's ONE way at the MOment // ↘ because they're doing a LOt of SEwer work //

5 // ↗ NOT REAlly // ↘ NO //

6 // ↗ well he USed to // ↘ but it's ALL CHANGED // ↗ NOW //

4·11

	Voiced sounds		*Voiceless sounds*	
NLA sounds	reTURN	/n/		
	aLONG	/ŋ/		
	BELL	/l/		
	GROOM	/m/		
Plosive sounds	PUB	/b/	OUT	/t/
	ODD	/d/	BACK	/k/
	BAG	/g/	STOP	/p/
Fricative sounds	SHOES	/z/	aCROSS	/s/
	FIVE	/v/	RUSH	/ʃ/
	WITH	/ð/	BREATH	/θ/
			LIFE	/f/

4.13

1 *First sound is a continuant*	LEFT /ft/ ASK /sk/ aROUND /nd/ FIND /nd/ THINK /ŋk/ mySELF /lf/ END /nd/ MIND /nd/ SHELF /lf/ FRIEND /nd/
2 *First sound is plosive*	STOPPED /pt/ ASKED /kt/ SHOPS /ps/ TUBS /bz/ YARDS /dz/

4.16

1 /t/ (voiceless) 5 /s/ (voiceless)
2 /z/ (voiced) 6 /t/ (voiceless)
3 /t/ (voiceless) 7 /z/ (voiced)
4 /t/ (voiceless) 8 /d/ (voiced)

4.18

1 /vd/ 5 /tʃt/
2 /tɪd/ 6 /tɪd/
3 /dz/ 7 /tɪd/
4 /sɪz/ 8 /pt/

UNIT 5

Listening for meaning

The next meeting will be the Annual General Meeting (AGM).
It will be necessary to elect a new secretary to replace Jane Parks, who is moving to Glasgow.
There will also be elections for some new committee members.
The society is getting into debt, so it will be necessary to increase subscriptions.
This evening's speaker is Dr Agnes Thomson.
She is a graduate of the university where the meeting is taking place.
She has an MA and a PhD from Harvard and has lectured at Hyderabad.
Her speciality is the work of Wittgenstein.
Tonight she is speaking on Wittgenstein and Feminism.

5.1

A rising tone is used in both versions of // GOOd EVening // etc.

2a // ↘ beFORE // ↗ i introduce tonight's SPEAker // → there's ER // ↘ ONE //
  ↗ important reMINder //

3a // ↘ NEXT month's // ↗ MEEting // → will BE // → OUR // ↘ ANNual GENeral
  meeting //

4a // → AND er // ↗ on that oCCAsion // → we're HOping for // → a GOOD // → and
  SPIrited // ↗ aTTENdance //

5.2

1a // ↗ JANE <u>PARKS</u> // → has <u>SERVE</u>d us // ↘ <u>MAR</u>vellously for // → i <u>THINK</u> it's about // ↘ THREE <u>YEARS</u> // ↗ <u>NOW</u> //

2a // → she's <u>LEA</u>ving // → to <u>TA</u>ke up a post // ↗ in <u>GLAS</u>gow // ↗ we wish her <u>WELL</u> //

3a // ↘ un<u>FOR</u>tunately // ↗ to<u>DAY</u> // → our a<u>TTEN</u>dance // → i can <u>SEE</u> is // ↘ <u>NO</u>t as good // ↗ as <u>U</u>sual //

4a // ↗ <u>JUS</u>t a few <u>WORDS</u> // → a<u>BOUT</u> // ↗ her <u>BACK</u>ground //

5a // ↗ she's <u>RE</u>cently re<u>TURNED</u> // ↗ <u>TO US</u> // → FROM a <u>YEAR</u> // ↘ in <u>IN</u>dia //

5.3

// ↘↗ <u>AL</u>so // ↘ and <u>THI</u>s is rather // ↗ a <u>SAD</u> note // ↘↗ er the <u>TREA</u>surer // ↘↗ <u>TELLS</u> me // ↘↗ that we must <u>SER</u>iously consider // → <u>IN</u>creasing // ↘ sub<u>SCRIP</u>tions //

5.4

1 // ↗ now you <u>KNOW</u> where the <u>Office</u> is // ↗ <u>WHA</u>t i want you to <u>DO</u> // ↗ is to <u>GO</u> to the <u>Office</u> // ↘ and FIND <u>SU</u>san // ↗ and ASK <u>SU</u>san // ↘ for the <u>KEY</u> // ↘ to my <u>ROOM</u> // ↗ when you've GOT the <u>KEY</u> // ↗ GO to my <u>ROOM</u> // ↘ and LOOk in the <u>CUP</u>board // ↗ and IN <u>THERE</u> // ↗ you'll find a ROUND <u>TIN</u> // ↘ with another <u>KEY</u> in it //

2 // ↗ THIS <u>PER</u>son i know // ↘ had JUST been <u>SHO</u>pping // → <u>AND</u> // ↗ she'd JUST <u>FI</u>nished // → <u>AND</u> // ↗ she was LOAded up with <u>PAR</u>cels // ↗ and STUFF she'd <u>BOUGHT</u> // → <u>AND</u> // ↗ EVery<u>THING</u> // → <u>AND</u> // ↗ she was GOing back to her <u>CAR</u> // ↗ IN the <u>CAR</u> park // → and she was GOing a<u>CROSS</u> // ↘ to where she'd <u>LEF</u>t it // ↗ and she SAW <u>SOME</u>one // ↘ <u>SI</u>tting // ↘ in the <u>PA</u>ssenger seat // ↘ of her <u>CAR</u> //

3 // ↗ you COME out of the <u>CAR</u> park // ↘ and turn <u>RIGHT</u> // ↗ and AFter you've gone a little <u>WAY</u> // ↘ you'll COME to a <u>ROUN</u>dabout // ↗ go ROUND the <u>ROUN</u>dabout // ↘ and take the SEcond <u>EX</u>it // ↘↗ NOT the <u>FIRST</u> // ↘ because THAT will take you into <u>TOWN</u> // ↗ take the SEcond <u>EX</u>it // ↗ and con<u>TIN</u>ue along <u>THERE</u> // ↘↗ for about a <u>MILE</u> //

5.5

1 // ↗ our <u>SPEA</u>ker for this <u>EV</u>ening // ↘ is doctor <u>AG</u>nes <u>THOM</u>son // // ↘↗ to<u>NIGHT'S</u> <u>SPEA</u>ker's // ↘ <u>AG</u>nes <u>THOM</u>son //

2 // ↗ she TOOK her <u>MAS</u>ter's degree // ↗ and her <u>DOC</u>torate // ↘ at <u>HAR</u>vard // // ↘↗ she GOT her <u>MAS</u>ter's // ↘↗ and <u>DOC</u>torate // ↘ in the <u>STATES</u> //

3 // ↗ she's WELL <u>KNOWN</u> // ↘ for her WORk on <u>WITT</u>genstein // // ↘↗ she MADE her <u>NAME</u> // ↘ with some WORk on <u>WITT</u>genstein //

5.10

2	m[e]mbers		5	m[i]nd
3	g[e]t		6	h[a]ve
4	tr[ou]ble		7	degr[ee]

5.12

1   // ↗ i ⟨went⟩ r[ou]nd // ↘ to a ⟨side⟩ d[oo]r //

2   // ↘ there's a s[e]t of ⟨traffic⟩ l[i]ghts th[ere] //

3   // ↗ ⟨this⟩ is a r[a]ther // ↘ ⟨sad⟩ n[o]te //

4   // ↘ it's ⟨next⟩ to the ⟨post⟩ r[oo]m //

5   // ↘ it's ⟨near⟩ to ⟨Hurst⟩ Str[ee]t //

6   // ↘ they're ⟨here⟩ for the f[i]rst ⟨time⟩ //

7   // ↘ it's ⟨not⟩ as ⟨good⟩ as [u]sual //

8   // ↘ it's a ⟨big⟩ ⟨brick⟩ b[ui]lding //

9   // ↘ it's ⟨opposite⟩ the ⟨service⟩ st[a]tion //

10 // ↗ have you ⟨looked⟩ in the bi[o]graphy s[e]ction //

11 // ↘ they've in[s]talled a ⟨coffee⟩ mach[i]ne //

12 // ↗ she's [ta]lking ab[ou]t // ↘ her re⟨search⟩ //

U N I T 6

Listening for meaning

a) In London.
b) At seven this evening.
c) He will phone her at home.

6.5

1   // ↗ IS he <u>THERE</u> //   (a)

2   // ↘ could he <u>PO</u>ssibly // ↘ make it about <u>SE</u>ven //   (b)

3   // ↘ is there Anything <u>I</u> can do //   (b)

4   // ↗ DON'T <u>WO</u>rry //   (a)

5   // ↘ is he <u>THERE</u> //   (b)

6   // ↗ COULD he possibly make it about <u>SE</u>ven //   (a)

7   // ↗ is there Anything i can <u>DO</u> //   (a)

8   // ↘ DON'T <u>WO</u>rry //   (b)

6.8

1 // ↘ well <u>NO</u> // ↘ it's HIS day in <u>LON</u>don // ↘↗ to<u>DAY</u> //

  // ↘ well <u>NO</u> // ↘ it's HIS day in <u>LON</u>don // ↗ to<u>DAY</u> //

2 // ↘↗ well he's <u>U</u>sually in // ↘ about <u>SIX</u> //

  // ↗ well he's <u>U</u>sually in // ↘ about <u>SIX</u> //

3 // ↘ <u>PREtty</u> <u>GOOD</u> // ↘↗ <u>REA</u>lly //

  // ↘ <u>PREtty</u> <u>GOOD</u> // ↗ <u>REA</u>lly //

4 // ↘↗ if the <u>BA</u>bysitter doesn't let us down //

  // ↗ if the <u>BA</u>bysitter doesn't let us down //

6.9

'Usually' has a fall-rise tone at the beginning of the answer, and a rising tone at the end of the answer.

6.10

1 // ↘↗ <u>U</u>sually // ↘ it's about <u>SIX</u> //

  // ↘ it's about <u>SIX</u> // ↗ <u>U</u>sually //

2a // ↘↗ <u>AC</u>tually // ↘ it's called <u>HOS</u>pital <u>LANE</u> //

2b //↘ it's called <u>HOS</u>pital <u>LANE</u> // ↗ <u>AC</u>tually //

3a // ↘↗ e<u>VEN</u>tually // ↘ it led to a pe<u>DES</u>trian <u>PRE</u>cinct //

3b // → it <u>LED</u> // ↘ to a pe<u>DES</u>trian <u>PRE</u>cinct // ↘↗ e<u>VEN</u>tually //*

4a // ↘↗ as <u>FAR</u> as i can re<u>MEM</u>ber // ↘ it was a <u>COUP</u>le of <u>YEAR</u>s ago //

4b // ↘ it was a <u>COUP</u>le of <u>YEAR</u>s ago // ↗ as <u>FAR</u> as i can re<u>MEM</u>ber //

5a // ↘↗ at <u>THIS</u> time of <u>DAY</u> // ↘ it will be <u>DREAD</u>ful //

5b // ↘ it will be <u>DREAD</u>ful // ↗ at <u>THIS</u> time of <u>DAY</u> //

6a // ↘↗ if I were <u>YOU</u> // ↗ i should <u>WAIT</u> // ↘ until <u>AF</u>ter the <u>RUSH</u> hour //

6b // ↗ I should <u>WAIT</u> // ↘ until <u>AF</u>ter the <u>RUSH</u> hour // ↗ if I were <u>YOU</u> //

*Here // e<u>VEN</u>tually // has a fall-rise, not a rising tone.

6.11

1 // ↘↗ <u>JON</u>son and <u>JON</u>son limited // ↘↗ <u>GOOD</u> <u>MOR</u>ning // ↗ <u>CAN</u> i <u>HELp</u> you //

2 // ↘↗ we <u>DO</u> have a mister robertson // ↗ <u>YES</u> //

3 // ↘ <u>WHO</u> is it <u>CA</u>lling // ↗ <u>PLEASE</u> //

4 // ↘ oh <u>YES</u> // ↗ <u>ONE</u> <u>MO</u>ment mister jordan // ↘ i'll <u>SEE</u> if he's <u>IN</u> //

5 // ↗ good <u>MOR</u>ning // ↘↗ <u>DO</u> you have a mister <u>RO</u>bertson there please //

6 // ↘ COULD i have a <u>WORD</u> with him //

7 // ↘ the <u>NAME</u>'S <u>JOR</u>dan // ↘ i'm from JOHN <u>DA</u>vies and co //

Suggested reasons for the choices of tone:

1 The first two tone units have fall-rise tones. As a routine acknowledgement of the call, followed by a greeting, they do not have the 'dominant' tone, but the offer of help does.
2 The agreement that there is someone called Mr Robertson in the office has a fall-rise tone, but the telephonist returns to rising tone for 'Yes', which is, in effect, a further offer of help.
3 'Who is it calling?' is a finding out question and therefore has falling tone, but a referring tone is used for the routine (but polite) 'please'.
4 'Oh yes' with proclaiming tone indicates that the caller has been recognised. The last two tone units, as promises of help, have rising tones. (Note that 'Mister Jordan' is not a selection in this context, so it does not have prominence.)
5 Mr Jordan uses the dominant form of referring tone to return the telephonist's greeting, but the non-dominant fall-rise tone to ask about Mr Robertson – a request which amounts to asking a favour.
6 The same tone is used to ask to be connected to him and for a similar reason.
7 Both these tone units provide information, and therefore have proclaiming tones.

6.13

1	PL	6	SP	11	CL	16	TR
2	ST	7	PR	12	SM	17	SP
3	THR	8	GR	13	TR	18	BL
4	ST	9	DR	14	TW		
5	PR	10	SW	15	SP		

Group 1	/st/ /thr/ /sp/ /sw/ /sm/
Group 2	/pl/ /pr/ /gr/ /dr/ /kl/ /tr/ /tw/ /bl/

6.14

Group 1:
// i STARted to <u>WALK</u> //
// it's about THREE doors a<u>LONG</u> //
// it SEEMS to be <u>STUCK</u> //
// a SPIrited a<u>TTEN</u>dance //
// you go PAST the <u>SWI</u>mming baths //
// you mean SUsan <u>SMITH</u> //
// our SPEAker for this <u>EV</u>ening //
// the FEminist per<u>SPEC</u>tive //

Group 2:
// WHICH <u>PLAT</u>form is it //
// but there's a <u>PROB</u>lem //
// our PREsent <u>SEC</u>retary //
// she GRADuated // SOME <u>YEAR</u>s ago //
// she DROVE past the <u>EX</u>it //
// and THAT'S park <u>CLOSE</u> //
// she's TRAVelling // to <u>YORK</u> //
// the THIRteen <u>TWEN</u>ty //
// the TREAsurer of the so<u>CI</u>ety //
// a BLACK <u>CAR</u> //

UNIT 7

7.2

1   // ↘ she'd been <u>SHO</u>pping //

2   // ↘ she SAId it was getting <u>LATE</u> //

3   // ↘ she'd GOt out of the <u>LIFT</u> //

4   // → she <u>SAID</u> // ↘ she was feeling <u>GI</u>ddy //

7.5

1   // ↘↗ i HOPE you don't <u>MIND</u> // ↘ but i aRRANGed to meet my <u>DAUGH</u>ter here //

2   // → <u>I</u> said // ↘ <u>WHEN</u> was your daughter supposed to be <u>CO</u>ming // ↘↗ and <u>SHE</u> said // ↘ <u>HAL</u>f an <u>HOUR</u> ago //

3   (and) // ↘ she was <u>WO</u>rried about her <u>DAUGH</u>ter //

4   // ↘ it was <u>VE</u>ry <u>COLD</u> outside // ↘ it was that <u>VE</u>ry cold <u>TIME</u> we had //

7.7

1   car park (In (1b) 'car park' has been mentioned in the previous tone unit. A similar explanation applies to (2)–(4).)

2   man's hands   3   drive   4   back (in back seat)

7.8

2   // ↘↗ because she <u>THOUGHT</u> it was called // ↘ hospital <u>ROAD</u> //

3   // ↘↗ she was <u>SURE</u> he'd be back // ↘ by <u>SE</u>ven // ↘ in the <u>EV</u>ening //

4   // ↘↗ because the di<u>RECT</u> train // ↘ was <u>CAN</u>celled //

5   // ↘↗ he was <u>TRY</u>ing to find a book // ↘ about <u>AR</u>nold //

6   // ↘↗ they'd turned the <u>OLD</u> coffee room // ↘ into <u>O</u>ffices //

7.12

4   why; my

5   my; may

6   where

7.14

In (6b) 'happy' is followed by a vowel so it sounds like /iː/ not /ɪ/. (See Task 7.11.)

UNIT 8

8.2

1 // i'm <u>SAY</u>ing // we <u>SHOULD</u> // res↑<u>TRICT</u> // the MANu<u>FAC</u>ture // and <u>USE</u> of //
↑<u>PRI</u>vate motor cars //

2 // for instance their manu<u>FAC</u>ture // uses <u>UP</u> // other <u>SCARCE</u> // often irre↑<u>PLA</u>ceable
// <u>NA</u>tural re<u>SOUR</u>ces //

3 // even if you stray a↑<u>WAY</u> from the towns // ↑<u>OU</u>t of town for instance //

8.4

1 // ↘ we ex<u>PEC</u>t it to in<u>CREASE</u> mobility // ↘ and it re↑<u>DU</u>ces it //

2 // ↘ we're <u>HEL</u>d up in <u>TOWN</u> // ↘ and in the ↑<u>COUN</u>try // ↘ as <u>WELL</u> //

3 // ↘ we <u>KNOW</u> the environment is <u>THREA</u>tened // ↘ but we over↑<u>LOO</u>k it //

4 // ↗ he <u>HAS</u>n't always thought like <u>THIS</u> // ↘ he was once a ↑<u>KEEN</u> driver //

8.5

1 // ↘ instead of <u>CO</u>pying our mistakes // ↘ the <u>LESS</u> de<u>VE</u>loped countries //
↘ should ↑<u>LEARN</u> from them //

2 // ↘ it isn't <u>CLE</u>ver to drive dangerously // ↘ it's irres↑<u>PON</u>sible //

3 // ↘ we <u>DON'T</u> need <u>MORE</u> cars on the roads // ↘ we need ↑<u>FEW</u>er //

8.6

3 // ↘ it's ↑<u>Irres</u><u>PON</u>sible // ↘ to <u>DRIVE</u> <u>DAN</u>gerously // ↘ it's <u>NOT</u> <u>CLE</u>ver //

4 // ↘ we ↑<u>CAN'T</u> a<u>FFORD</u> // ↘ to waste <u>NA</u>tural re<u>SOUR</u>ces // ↘ we <u>OUGHT</u> to be
<u>SA</u>ving them //

8.7

1 // ↘ i'm ↑<u>SO</u>rry // ↘ i ↑<u>DON'T</u> <u>KNOW</u> //

2 // ↘ well ↑<u>AC</u>tually // ↘ at the ↑<u>TRA</u>ffic lights //

3 // ↘ ↑<u>DON'T</u> you re<u>MEM</u>ber // ↘ i ↑<u>BROUGHT</u> it <u>BACK</u> to you //

4 // ↘ un<u>FOR</u>tunately // ↘ it stops at ↑<u>E</u>Very <u>STA</u>tion //

5 // ↘ well to ↑<u>TELL</u> you the <u>TRUTH</u> // ↘ i ↑<u>DON'T</u> //

6 // ↘ ↑<u>NOT</u> <u>REA</u>lly // ↘ she was ↑<u>AF</u>ter my <u>TIME</u> // ↘ i <u>THINK</u> //

8.8

If you are trying to make a contradiction less aggressive you naturally avoid using the
'dominant' rising tone.

8.9

2 // ↘ <u>NO</u> // ↘↗ he WASn't the <u>IN</u>terviewer // ↘ he was ↑<u>BE</u>ing interviewed //

3 // ↘ <u>YES</u> // ↗ THAT'S <u>RIGHT</u> //

4 // ↘↗ not <u>EV</u>eryone // ↘↗ he thought ↑ <u>SOME</u> drivers // ↘ were too ↑<u>RECK</u>less //

5 // ↘ e<u>XAC</u>tly //

6 // ↘↗ i ↑ DON'T <u>THINK</u> so // ↘↗ he had been a <u>KEEN</u> driver // ↘ him↑<u>SELF</u> //

7 // ↘ he <u>CER</u>tainly <u>DID</u> // ↘ <u>YES</u> //

8.14

1 for m(os)t of your life

2 ju(st) a moment

3 fir(st) and foremost

4 it goe(s) (v)ia Ma(nch)ester

5 from pla(tf)orm three

6 we should co(nc)entrate on pu(bl)ic transport

8.19

3 sev(e)n o'clock

4 trav(e)lling

5 fash(io)nable

6 diff(e)rent

UNIT 9

9.1

a) *today* An evening news item will normally be about a match played 'today', not any other day.
played This is the verb we regularly use when speaking of a match.
match In the expression 'World Cup match' it would be possible to use a different word like 'game', but this would not alter the meaning.
play This is the word that is regularly used in conversations about football to refer to the period of time when the match is actually in progress.
awarded When the referee makes a decision in favour of one team, it is usually said that he 'awards' some advantage to that team.
   None of these words occupies a selection slot: usually, there is no likelihood of another word being used; and when an alternative word is possible the change does not bring about a change of meaning.

b) England could only play *against* Spain, so the word does not occupy a selection slot; but the penalty could have been awarded either *against them* or *in their favour*. In the latter case, therefore, it does occupy a selection slot.

c) The newsreader expects listeners to be aware that England had played a World Cup match in Barcelona: all this information is included in tone units that are marked as 'not news' by having a referring tone.

Having been told that their opponents were the cup holders, they do not need to be told that it was 'the champions' they were playing against. After the mention of half time, listeners would usually expect that the next incident to be reported would occur 'soon after play was resumed'. These two pieces of information are therefore spoken with referring tones as well.

9.2

1 // ↘ the deCIsion caused UProar // ↗ among a GROUp of ENGland //
↘ FANS // ↘↗ and THIs in TURN // ↘ triggered an ANgry // ↗ resPONSE // ↘↗ from some oPPOsing supporters // ↗ in an adJOIning SECtion // ↘ of the STAND //

2 // ↘↗ the deCIsion caused UProar // ↘ among a GROUp of england FANS //
↗ and THIs in TURN // ↗ triggered an ANgry resPONSE // ↗ from some oPPOsing suPPORters // ↗ in an adJOIning SECtion // ↘ of the STAND //

9.3

// → suPPORters CLASHED // → DURing PLAY // → in the WORLD cup MATCH //
↘ here toDAY // → ENGland // → had HELD the CHAMpions //
→ to ONE ONE // ↘ unTIL half TIME // → but SOON // → after PLAY was reSUMED //
→ a PEnalty // ↘ was aWARded aGAINST them // → the deCIsion // → caused UProar //
→ among a GROUP // ↘ of england FANS // → and THIs in TURN // → proVOKED //
→ an ANgry resPONSE // → from some oPPOsing // → suPPORters // → in an adJOIning SECtion // ↘ of the STAND //

9.5

1 // ↘↗ SEVeral coMMIttee members // ↘ have ALso expressed // → a WISH to //
↗ STAND DOWN // → FOR // ↘↗ ONE reason or another //

2 // ↘ we ARE // → in FACT // → ER // ↘↗ GOing into the RED // → in a RAther //
↘ SErious WAY //

3 // ↗ POssibly due to the FLU epidemic // → and ERM // → and and the STORMS //
→ and unSEAsonal // ↘ WEAther outSIDE //

4 // ↘↗ i think FIRSt and FOREmost // → THERE'S // ↘ there's WHAt i call the environMENtal case //

5 // ↘ their manuFACture uses up // → Other // → SCARCE // ↘↗ often IrrePLAceable //
↘ NAtural reSOURces //

6 // → they're eSSENtially // ↘ they're eSSENtially short LIVed articles //

All of these seem to include hesitations of the (a) type: the speaker is taking time to put together the language he needs.

9.7

1 // ↘↗ TRAffic congestion // ↗ is JUSt as SErious // ↘ OUt of town // ↘ in the
↓COUNtry //

2 // ↘ i LOOKed across at my PAssenger // ↘ the ↓LIttle old LAdy //

3 // ↗ JUSt a MOment sir // ↘ i'll ↓SEE if he's IN //

4 // ↘↗ JANE // ↘↗ ↓JANE PARKS // ↘↗ is LEAving // ↘ to go to GLASgow //

5 // ↘↗ our NEXT MEEting // ↘↗ the ↓MARCH meeting that is // ↘ will be our
ANNual GENeral meeting //

9.8

1 // ↘↗ our SPEAker for this EVening // ↘↗ doctor ↓AGnes THOMson // ↗ is WELL
KNOWN // ↘ to MOSt of you //

2 // ↘ YES // ↘ it's the SAME PLATform // ↘ ↓PLATform THREE //

3 // ↘↗ is THAT near the MAPs and things // ↘↗ over ↓THERE //

4 // ↗ ALL the senior STAFF // ↘↗ people like ↓ARthur // ↘ are on the GROUND floor //

5 // ↘↗ MARket street // ↘↗ the ↓STREET she was LOOking for // ↘ was just a LIttle
further aLONG //

9.10

// BARceLOna //   // REfeREE //

9.11

2 . . . // was MANuFACture //

3 . . . // was enVIronMENtal //

4 . . . // was DEvasTAtion //

5 . . . // was INterNAtional //

6 . . . // was ARchiTECturally //

9.12

1 // the PROBlem's an environMENtal one //

2 // comPLETE devasTAtion //

3 // sucCESSful archiTECturally //

4 // we must reSTRICT their manuFACture //

5 // TOtally irresPONsible //

9.13

2 It brings (de)vastation and des(truc)tion of our (city) (cen)tres.

3 An (archi)tecturally pleasing (car) park just de(fies) imagi(na)tion.

4 We (need) to impose res(tric)tions on their (manu)facture and (use).

5 We (simply) can't (to)lerate such (i)rresponsible be(ha)viour.

9.14

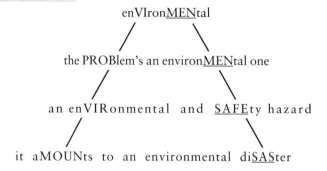

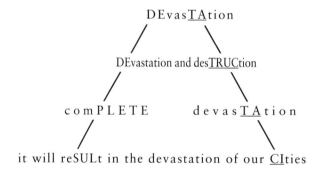

9.15

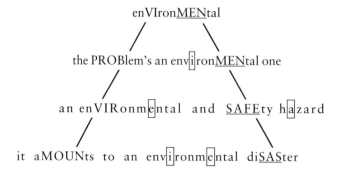

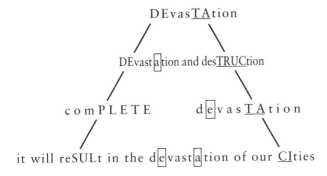

9.16

Three of the examples include citation forms:

1 enVIronMENtal
3 IrrePLAceable
4 ARchiTECturally

In (2) 'environmental' has only one prominence: environMENtal.

U N I T 10

Listening for meaning

Morgan was once engaged to Penelope, but when they broke up he went to live in Australia.
Penelope has retired to a cottage on the Suffolk coast after managing a fashion shop near London.
Helen, her daughter, is now the manager of the shop.
Derek, Helen's husband, is a songwriter, who has reasons for wanting to live in London.

10.1

1 // ↘ peNElope WAINwright // ↘ retired to a SEAside COttage // ↘ on the SUffolk COAST //

2 // ↘ HElen // ↘ TOOk over the RUnning // ↘ of the SHOP //

3 // ↘ DErek // → aGREED // ↘ ONly // ↗ ON the conDItion // ↘ that they KEEP their FLAt on // ↘ in TOWN //

4 // ↘ an Uninvited GUEST // ↘ at the PARty she had given // ↘ was MORgan //

10.2

2 // ↗ MANdy // ↘ was the PERson who rang DAvid // ↘ to ASK the way to his HOUSE //

3 // ↗ TOM WIlliams // ↘ addressed the NAtional TRANsport conference // (about, etc.)

4 // ↗ TOny // ↘ was a FORmer COlleague // ↘ of SUE'S // (who, etc.)

5 // ↗ it was eLIzabeth // (who, etc.)

10.4

2 // ↘ a LIFE of ARnold // ↗ was the book he WANted //

3 // ↗ the PERson they moved downSTAIRS was // ↘ was ARthur //

4 // ↘ it was TOny // ↗ she wanted to SPEAK to //

Proclaiming tones are used with // a LIFE of ARnold // , // was ARthur // and // it was TOny // as these tone units give the information asked for in preceding questions.

10.5

d⬜ctor	soc⬜ety	r⬜ng	w⬜y	addr⬜ssed	c⬜nference
ab⬜t	d⬜vid	g⬜ve	b⬜k	m⬜ved	d⬜n	w⬜nted

d[o]ctor   soc[i]ety   r[a]ng   w[ay]   addr[e]ssed   c[o]nference

ab[ou]t   d[a]vid   g[a]ve   b[oo]k   m[o]ved   d[ow]n   w[a]nted

10.7

Likely to be divided:
4   she left a long time ago
5   the use and manufacture

10.8

2a // ↗ but it was NOT without oppoSItion // ↘ from DErek //

2b // ↗ but it was NOT without oppoSItion // ↘ from DErek //

3a // ↗ MEANwhile // ↗ GOssip has REACHed her // ↘ about what her SOn in law is doing // ↘ in LONdon //

3b // ↗ MEANwhile // ↗ GOssip has REACHed her // ↘ about what her SOn in law is doing // ↘ in LONdon //

4a // ↘ she is reLUCtant // ↗ to tell him OUTright // ↘ that he is NOT WELcome //

4b // ↘ she is reLUCtant // ↗ to tell him OUTright // ↘ that he is NOT WELcome //

5a // ↗ he TURNed UP // ↘ at the PARty she had given //

5b // ↗ he TURNed UP // ↘ at the PARty she had given //

10.9

There is a step up to high key at: 'STILL', 'HOPE' and 'KEEP'.

10.10

There is a drop down to low key at:

1   HElen
2   SONGwriter; HUSband

10.11

1	high key	5	low key
2	low key	6	high key
3	high key	7	low key
4	high key		

Appendix

Tone units for practising particular sounds

These practice exercises are referred to in the units. First identify the sound you wish to concentrate on.

The examples in the exercises are drawn from all the units in the course, so not all the material will be familiar to you; you will probably want to return to sets which involve particularly troublesome sounds as you work through the course.

Most examples comprise a single tone unit but a few comprise more than one. Most have a falling tone. When there is only one tone unit and the tone is falling, it is not marked. In other cases it is marked with an arrow in the usual way. As you become familiar with the intonation system, try to attend to these features and imitate them as well as getting the target sound right. Remember always to speak in complete tone units.

UNIT 1

1 *Sound:* /ɑ:/
   //   HAlf an <u>HOUR</u> ago //
   //   i STARted to <u>WALK</u> //
   //   i'd LEFt it in the <u>CAR</u> //
   // ↘↗ i <u>CAN</u>'t think // ↘ what's <u>HA</u>ppened //
   // ↗ ARE you being a<u>TTEN</u>ded to //
   //   aPART from everything <u>ELSE</u> //

2 *Sound:* /ɜ:/
   // ↘↗ we'd GOT to the <u>TER</u>minus //
   //   the WORLD <u>CUP</u> //
   //   it's at THIRteen <u>TWEN</u>ty //
   // ↘↗ NOT the <u>FIRS</u>t exit //
   //   he'll CERtainly be home by <u>THEN</u> //
   // ↘↗ COULd i have a <u>WORD</u> with him //

3 *Sound:* /æ/
   //   i RANG the <u>BELL</u> //
   //   PLAStic <u>FI</u>gures //
   //   in a PLACE like <u>THAT</u> //
   // ↘↗ CAN we borrow your <u>KEYS</u> //
   //   i LOOKed at her <u>HANDS</u> //
   //   it's NEXt to the <u>MAP</u>s and things //

4 *Sound:* /ɔ:/
   //   as SOOn as i <u>SAW</u> it //
   //   it CAUSed <u>UP</u>roar //
   // ↘ she was <u>WO</u>rried // ↘ about her <u>DAUGH</u>ter //
   //   GOOD <u>MOR</u>ning //

    //   NOt at <u>ALL</u> //
    // ↘ i'm <u>TRA</u>Velling // ↘ to <u>YORK</u> //

5 *Sound:* /ɪ/
    // ↗ WHERE do you <u>LIVE</u> //
    //   she was VEry <u>STILL</u> //
    //   a BIG <u>ROUN</u>dabout //
    // ↘ IS it a <u>RE</u>cent publication //
    //   PREtty <u>GOOD</u> //
    // ↘ it ISn't a <u>NO</u>vel //

6 *Sound:* /e/
    //   i'd LEFt it in the <u>CAR</u> //
    //   it's at THIRteen <u>TWEN</u>ty //
    //   she was VEry <u>STILL</u> //
    //   the BENches were <u>WET</u> //
    //   it's NEXt to the <u>MAPS</u> //
    //   take the SEcond <u>EX</u>it //

7 *Sound:* /ʌ/
    //   it was JUSt half past <u>FIVE</u> //
    //   there was SOMEbody sitting in my <u>CAR</u> //
    // ↘ there was <u>NO</u>thing // ↘ i could <u>DO</u> //
    //   it ISn't <u>RU</u>nning today //
    //   you'd HAVE to <u>HU</u>rry //
    //   she WONdered where she'd <u>PARK</u>ed it //

8 *Sound:* /i:/
    // ↘ the <u>TRA</u>ffic // ↘ got a bit <u>EA</u>sier //
    // ↗ CAN we borrow your <u>KEYS</u> //
    //   Even the <u>BUS</u> driver had gone //
    //   THANks very much in<u>DEED</u> //
    //   LET me <u>SEE</u> //
    // ↗ HAVE you <u>EA</u>ten yet //

9 *Sound:* /ɒ/
    //   i WALKed a<u>LONG</u> //
    //   an ANgry res<u>PONSE</u> //
    //   i COULDn't have <u>LOCK</u>ed it //
    // ↘ you've LOOKed in the bi<u>OG</u>raphy section //
    // ↘ it ISn't a <u>NO</u>vel //
    // ↘ there's a <u>PROB</u>lem //↘ on the <u>TRACK</u> //

10 *Sound:* /u:/
    //   i'll SEE what i can <u>DO</u> //
    //   you can GO by another <u>ROUTE</u> //
    // ↗ WHO is that <u>CALL</u>ing please //
    //   as SOOn as i <u>SAW</u> it //
    //   i LOOKed at her <u>SHOES</u> //
    //   from PLATform <u>TWO</u> //

11 *Sound:* /ʊ/
   // PREtty <u>GOOD</u> //
   // i'm LOOking for the <u>TECH</u>nical college //
   // ↘ COULd i have a <u>WORD</u> with him //
   // ↘ WOULD you <u>MIND</u> //
   // they were REAlly <u>PU</u>shing me //
   // i SHOULDn't like <u>THAT</u> //

12 *Sound:* /eɪ/
   // but it was TOO <u>LATE</u> //
   // ↘ WOULD you mind <u>WAI</u>ting a moment //
   // eLEven forty <u>EIGHT</u> //
   // it's been TAken <u>OFF</u> //
   // it's JUSt the <u>SAME</u> //
   // ↘ i DON't mind <u>CHAN</u>ging //

13 *Sound:* /əʊ/
   // she'd NO i<u>DEA</u> //
   // ↘ JUSt a <u>MO</u>ment //
   // ONly this <u>BAG</u> //
   // ↘ if you DON't mind <u>CHAN</u>ging //
   // there was NObody a<u>BOUT</u> //
   // ↘ he <u>IS</u>n't // ↘ at <u>HOME</u> //

14 *Sound:* /eə/
   // i WASn't sure <u>WHERE</u> //
   // perHAPs they'd know <u>THERE</u> //
   // the SPARE <u>WHEEL</u> //
   // it's JUSt the same <u>FARE</u> //
   // at the TOp of the <u>STAIRS</u> //
   // there are EAsy <u>CHAIRS</u> there //

15 *Sound:* /aɪ/
   // there were BRIGHT <u>LIGHTS</u> //
   // ↘ is THAT the <u>TI</u>tle //
   // THAT'S <u>RIGHT</u> //
   // ↘ proVIded it's in <u>PRIN</u>t of course //
   // ↘ WOULD you <u>MIND</u> //
   // in TEN minutes' <u>TIME</u> //

16 *Sound:* /ɪə/
   // she'd NO i<u>DEA</u> //
   // in the REAR <u>SEAT</u> //
   // ↘ it's QUITE <u>NEAR</u> there //
   // ↘ that WASn't the <u>REAL</u> reason //
   // ↘ it was con<u>CEAL</u>ed // ↘ between the <u>SEATS</u> //
   // ↘ she a<u>PPEAL</u>ed to a // ↘ <u>SHO</u>p assistant //

17 *Sound:* /aʊ/
   // you go ROUNd the <u>ROUN</u>dabout //
   // ↘ there was <u>NO</u>body // ↘ a<u>BOUT</u> //
   // she FOUNd her way <u>BACK</u> //
   // ↘ <u>HOW</u> long // ↘ must i <u>WAIT</u> //
   // ↘ you'd <u>BE</u>tter // ↘ go <u>NOW</u> //
   // they WANt to stand <u>DOWN</u> //

18 *Sound:* /ɔɪ/
    //   VOYsey <u>PLACE</u> //
    //   a FRIENd of <u>JOY</u>ce's //
    // ↘ he <u>US</u>ed to come // ↘ in a ROLLS <u>ROYCE</u> //
    //   she REcognised his <u>VOICE</u> //
    //   she had NO <u>CHOICE</u> //
    //   it's desTROYing the en<u>VI</u>ronment //

U N I T 2

19 *Sound:* /b/
    //   the BUS <u>STOPPED</u> //
    //   with CONcrete <u>BEN</u>ches //
    // ↘ you reMEMber that <u>BOOK</u> you mentioned //
    // ↘ can you BEAR to go through that a<u>GAIN</u> //
    //   it's BY the <u>SER</u>vice station //
    //   i've ONly got this <u>BAG</u> //

20 *Sound:* /g/
    //   GOOD <u>MOR</u>ning //
    //   you could GO via <u>MAN</u>chester //
    //   HOW can i <u>GET</u> there //
    //   i'm GOing to write it <u>DOWN</u> //
    //   can you BEAR to go through that a<u>GAIN</u> //
    //   i'll GO and get <u>THAT</u> one //

21 *Sound:* /t/
    // ↘ i <u>TURNED</u> // ↘ into an <u>A</u>lleyway //
    //   i TOOK the left <u>TUR</u>ning //
    // ↘ is THAT the <u>TI</u>tle //
    //   it's been TAken <u>OFF</u> //
    //   in TEN minutes' <u>TIME</u> //
    //   from PLATform <u>TWO</u> //

22 *Sound:* /d/
    //   she was JUSt closing the <u>DOORS</u> //
    //   THANks very much in<u>DEED</u> //
    //   it's DEfinitely bi<u>OG</u>raphy //
    //   he DIDn't <u>SAY</u> //
    // ↘ i <u>DON</u>'t know // ↘ who the <u>PUB</u>lisher is //
    //   i'm GOing to write it <u>DOWN</u> //

23 *Sound:* /k/
    //   COULD she <u>TELL</u> me //
    // ↗ you COme out of the <u>CAR</u> park //
    // ↘ CAN you go through that a<u>GAIN</u> //
    //   it's in COllege <u>LANE</u> //
    //   you'll COME to some <u>TRA</u>ffic lights //
    // ↗ WHO is that <u>CA</u>lling please //

24 *Sound:* /p/
   //   i PASSed some <u>SHOPS</u> //
   //   go PASt the <u>TECH</u>nical college //
   //   do you KNOW who the <u>PUB</u>lisher is //
   //   it's PARK <u>CLOSE</u> //
   //   on a PERmanent <u>BA</u>sis //
   //   they've PUt in a <u>CO</u>ffee machine //

25 *Sound:* /s/
   //   it's BY the <u>SER</u>vice station //
   //   i'll SEE you <u>SOON</u> //
   // ↘↗ they <u>SAY</u> // ↘ it's <u>CAN</u>celled //
   // ↘↗ it's IN the <u>CEN</u>tre // ↘ of <u>TOWN</u> //
   // ↘ i'm LOOking for a <u>BOOK</u> // ↘ by <u>SUT</u>cliffe //
   //   there's a SORt of <u>SI</u>tting room there //

26 *Sound:* /f/
   // ↘↗ the <u>FIRS</u>t turning // ↘ is a <u>CUL</u> de sac //
   //   you FOllow the road a<u>ROUND</u> //
   // ↗ i've DONE <u>THAT</u> // ↘ be<u>FORE</u> //
   //   it's diRECtly <u>FA</u>cing you //
   //   it's Opposite the <u>PHO</u>tocopying room //
   //   it's EASy to <u>FIND</u> //

27 *Sound:* /ð/
   //   and THEN you turn <u>RIGHT</u> //
   //   THINGs like <u>THAT</u> //
   // ↘↗ ARE they over <u>THERE</u> //
   //   the SEcond turning after <u>THAT</u> //
   // ↘↗ was THAT next to the <u>POS</u>t room //
   //   and THEN there was the <u>CO</u>ffee room //

28 *Sound:* /v/
   //   VIdeos and <u>FRI</u>dges //
   //   proVIded it's in <u>PRIN</u>t of course //
   //   you'll COME to a di<u>VER</u>sion //
   //   it's a NEW de<u>VE</u>lopment //
   //   they've PUt in a <u>VEN</u>ding machine //
   //   it was that VEry cold <u>TIME</u> we had //

29 *Sound:* /ʃ/
   // ↘ <u>HUN</u>dreds // ↘ of <u>SHOES</u> //
   // ↘↗ you <u>SHOULD</u> // ↘ turn <u>LEFT</u> //
   //   i'm NOT quite <u>SURE</u> //
   //   there's a SHELL <u>SER</u>vice station //
   // ↘↗ SHALL you be at <u>HOME</u> //
   //   he's SURE to be here by <u>THEN</u> //

30 *Sound:* /θ/
   // ↘↗ she THOUGHT there was a // ↘ <u>PUB</u> //
   // ↘↗ i <u>THIN</u>k it's // ↘ out of <u>DATE</u> //
   //   THINGs like <u>THAT</u> //
   //   THANks very much in<u>DEED</u> //
   //   THIRteen <u>TWEN</u>ty //
   //   he was THIRty <u>TWO</u> //

UNIT 3

31   *Sound:* /w/

// ↘↗ the BENches // ↘ were WET //

//   it was WINter //

//   i STARted to WALK //

//   it's a THREAT to WILDlife //

//   there's ONE important reMINder //

//   she WENt through the ARCHway //

32   *Sound:* /j/

//   i'm TRAvelling to YORK //

//   it's a RED and YEllow building //

//   WHAT do YOU think //

//   he USed to come on FRIdays //

// ↘↗ NOT YET i'm afraid //

//   esPEcially in the YOUNG //

33   *Sound:* /r/

//   you've GOT to turn RIGHT //

//   by aNOther ROUTE //

//   you FOllow the road aROUND //

//   in the ROOM where the STOVE was //

// ↘↗ well i DID REAlly //

//   she deCIded to go by RAIL //

34   *Sound:* /l/

//   the eLEven forty EIGHT //

//   there's a LONG WAIT //

//   you go UP college LANE //

//   it's ON your LEFT //

// ↘ turn RIGHT // ↘ at the LIGHTS //

//   the GUY who came from LIverpool //

35   *Sound:* /m/

//   i've GOt a MAP //

//   aMONG the SPEAkers //

//   a MAIN CROSSroads //

//   i CAN't reMEMber //

// ↘ MAry // ↘ in aCCOUNTS //

// ↘↗ WOULD you MIND //

36   *Sound:* /n/

//   it's NUMber sevenTEEN //

// ↘↗ there was NObody // ↘ aBOUT //

//   the NAtional STAdium //

// ↘ NObody // ↘ seems to be in TOUCH with her //

//   the NAME'S WILLiams //

// ↘↗ she's NEver been late beFORE //

37 *Sounds:* vowels
    //   i WONder where they <u>ARE</u> //
    //   THAT's where they <u>WERE</u> //
    // ↘ i've <u>DONE</u> that // ↘ be<u>FORE</u> //
    //   it's PLATform <u>THREE</u> //
    //   it LEAVes from platform <u>TWO</u> //
    //   it's NEAR the <u>DOOR</u> //
    //   there are QUIte a <u>FEW</u> //

38 *Sounds:* diphthongs
    //   he DIDn't <u>SAY</u> //
    // ↘ it's exACtly // ↘ the same <u>FARE</u> //
    // ↘ she'd <u>NO</u> // ↘ i<u>DEA</u> //
    //   she DIDn't <u>KNOW</u> //
    // ↘ NObody knew // ↘ <u>WHY</u> //
    //   WHERE is he <u>NOW</u> //

U N I T 4

39 *Sounds:* NLA
    //   EVeryone had <u>GONE</u> //
    //   the CENtre of <u>TOWN</u> //
    // ↗ they <u>LEF</u>t at the // SAME <u>TIME</u> //
    //   he's DOing very <u>WELL</u> //
    // ↘ will you ASK him to give me a <u>CALL</u> //
    //   he'd BEtter ring me at <u>HOME</u> //

40 *Sounds:* plosives
    //   it was TOO <u>LATE</u> //
    //   it was GEtting <u>DARK</u> //
    // ↗ have you GOt a <u>MAP</u> //
    //   a LONG straight <u>ROAD</u> //
    //   she's GOt a new <u>JOB</u> //
    //   it's NOT very <u>BIG</u> //

41 *Sounds:* fricatives
    //   he'd LIke a <u>MOVE</u> //
    //   she's been GOne a couple of <u>YEARS</u> //
    //   there was a BIt of a <u>FUSS</u> //
    //   they've GIven him a room down<u>STAIRS</u> //
    //   it's been TAken <u>OFF</u> //
    // ↘ his <u>NAME</u> // ↘ was <u>SOME</u>thing // ↘ like <u>HEATH</u> //

42 *Sounds:* clusters – one plosive followed by another
    //   THIs is a <u>FACT</u> //
    // ↘ there were NO <u>PUBS</u> //
    // ↘ the TRAIN she wanted to <u>CATCH</u> //
    //   you must CROSS the <u>BRIDGE</u> //
    //   per<u>HAPS</u> //
    //   LET me carry your <u>BAGS</u> //

43 *Sounds:* clusters – one fricative followed by another
//   it was AFter you <u>LEFT</u> //
//   to TAke up a <u>POST</u> //
//   the PUB was <u>CLOSED</u> //
//   he JUSt <u>VA</u>nished //
// ↘ <u>EV</u>erybody // ↘ was a<u>MAZED</u> //
//   they FOUNd her <u>GLOVES</u> //

44 *Sounds:* clusters – one NLA followed by another
//   you go RIGHT to the <u>END</u> //
//   it's aBOUT two <u>MILES</u> //
// ↘ it's WHERE the <u>ROAD</u>works // ↘ be<u>GIN</u> //
// ↗ COULD you <u>HELP</u> //
//   WHAt is it <u>CALLED</u> //
//   SO it <u>SEEMED</u> //
//   SO it <u>SEEMS</u> //
// ↗ it was AFter <u>JOHN</u> // ↘ <u>WENT</u> //

U N I T 5

45 *Sounds:* protected vowels after the tonic syllable
//   she DIDn't <u>KNOW</u> the district //
//   there's a DUAL <u>CAR</u>riageway in the way //
//   you NEED the <u>NEXT</u> turning //
//   there's a SEt of <u>TRA</u>ffic lights //
//   a SHELL <u>SER</u>vice station //
//   the RAther <u>SER</u>ious one //
//   there was a BIt of a <u>FUSS</u> about it //
//   you WOULDn't have <u>KNOWN</u> her i expect //
//   COULD you <u>HELP</u> me please //

46 *Sounds:* protected vowels between two prominent syllables
//   i WASn't sure <u>WHERE</u> //
//   INto another <u>STREET</u> //
//   she was JUSt closing the <u>DOORS</u> //
//   the FIRST street on the <u>LEFT</u> //
// ↘ per<u>HAP</u>s they'd know // ↘ <u>THERE</u> //
//   you've GOT to turn <u>RIGHT</u> //
//   she'd been ASking for hospital <u>ROAD</u> //
//   in the RIGHT hand <u>LANE</u> //
//   this is ALL new de<u>VE</u>lopment //
//   the GUY who came from <u>LI</u>verpool //
//   he SUddenly stopped <u>CO</u>ming //
//   WOULD you mind <u>WAI</u>ting //

U N I T 6

47 *Sounds:* clusters beginning with /s/
    // ↘ he's been <u>MOVED</u> // ↘ down<u>STAIRS</u> //
    //   <u>PROB</u>lems of dis<u>PO</u>sal //
    //   <u>SCARCE</u> re<u>SOUR</u>ces //
    //   es<u>PE</u>cially in the <u>YOUNG</u> //
    // ↘ they should <u>LEARN</u> // ↘ from our mis<u>TAKES</u> //
    //   <u>GO</u> past the <u>SWI</u>mming pool //
    // ↘ he <u>SCORED</u> // ↘ the winning <u>GOAL</u> //
    //   it's MORE <u>SPA</u>cious //

48 *Sounds:* clusters – a plosive followed by an NLA sound
    //   it was <u>DRIZZ</u>ling a little //
    //   there's a <u>TRUN</u>k road //
    //   <u>TWEN</u>ty <u>SE</u>ven //
    // ↘ it's NOT so <u>FRIEN</u>dly though //
    // ↘ a <u>QUITE</u> <u>DIFF</u>erent // ↘ a<u>PPEA</u>rance //
    // ↗ <u>AR</u>chi<u>TEC</u>turally // ↘ <u>BEAU</u>tiful //
    //   <u>PRE</u>tty <u>BU</u>sy //
    //   the <u>LE</u>vel of em<u>PLOY</u>ment //

49 *Sounds:* clusters of three or more consonant sounds
    //   i ex<u>PEC</u>t so //
    //   there was <u>QUI</u>te a <u>STORM</u> about it //
    //   it's com<u>PLETE</u>ly <u>DIFF</u>erent //
    //   we must in<u>CREASE</u> // sub<u>SCRIP</u>tions //
    //   <u>STRAIGH</u>t a<u>WAY</u> //
    //   we should <u>CON</u>centrate in<u>STEAD</u> //
    //   <u>PUB</u>lic <u>TRAN</u>sport //

U N I T 7

50 *Sounds:* full vowel sounds in unprotected syllables
    // ↗ she was di<u>REC</u>ted // ↘ to a <u>PUB</u> //
    //   she found there <u>WAS</u> a pub there //
    // ↗ it was WORTH <u>WAI</u>ting for //
    //   <u>JUST</u> work out the <u>COST</u> //
    //   i <u>SHALL</u> tell him //
    //   she <u>COULD</u>n't do <u>A</u>nything //
    //   she <u>DID</u>n't think <u>A</u>nyone could //

UNIT 8

51 *Sounds:* one consonant after the vowel of a prominent syllable, not at the end of the
 tone unit
 // a VEry simple MEssage //
 // SEcond THOUGHTS //
 // PRIvate MOtor cars //
 // SHORT LIVed articles //
 // we should LOse a great DEAL //
 // CRIsis proPORtions //
 // they EMphasise perFORmance //

52 *Sounds:* two consonants after the vowel of a prominent syllable not at the end of the
 tone unit
 // ↗ an ANgry // ↘ resPONSE //
 // aLLEGed RINGleaders //
 // PROBlems of disPOsal //
 // to proVIDE for PARking //
 // the most SErious ASpect //
 // ↗ it's OBvious // ↘ to EVerybody //
 // ↗ in PAVEment cafes and BARS //

53 *Sounds:* more than two consonants after the vowel of a prominent syllable not at the
 end of the tone unit
 // PUBlic TRANsport //
 // for INstance //
 // inCREAsing PROBlems //
 // the RISk to life and LIMB //
 // TRUNk roads and MOtorways //
 // ↗ they ASKed me // ↘ to TELL them //
 // i DIDn't think it MAttered //

54 *Sounds:* vowel followed by an NLA sound
 // he'll be addREssing a CONference //
 // NATural reSOURces //
 // it's THREATening WILdlife //
 // it's an interNAtional problem //
 // for SEVeral MInutes //
 // proFESSional acTIvities //
 // a FORmer BUSiness associate //

Glossary

The descriptions included here are intended only to be of assistance to users of the course. They incorporate many simplifications and approximations which would be inadequate in a more technical account.

affricative	The two affricative sounds of English, /tʃ/ and /dʒ/ are each represented in transcriptions as two successive sounds, but both are commonly regarded as single sounds.
approximant	The two sounds /w/ and /j/ are produced by making a narrow gap between the lips and between the tongue and the palate respectively. They are usually classified as consonants although there is strictly no obstruction of the airflow.
consonant	Consonant sounds are made by obstructing the escape of air through the mouth at some point, either totally or partially, and then releasing it, either suddenly or gradually.
continuant	The continuant sounds are those which can be sustained for a period of time. They comprise all the sounds except plosives.
diphthong	If the position of the tongue relative to the palate and/or the shape of the lips changes during the production of a vowel, the result is a diphthong.
dominance	On many occasions there is agreement among those concerned that one speaker is 'in charge': they have control of the other participants in so far as their participation in the discourse is concerned. Such a speaker can be said to occupy the dominant role. One thing that distinguishes that role is that its occupant can make use of a rising tone as an alternative to a fall-rise. When there is no prior agreement as to who is in control – as in much conversation – the rising tone can be used to exert dominance when this is thought desirable.
fricative	Fricative consonants are those which result from there being only a loose obstruction of the air stream so that a gradual escape of air is possible.

key	The first prominent syllable of a tone unit can be pitched at, above or below what we can usually recognise as the natural level for the voice of the speaker concerned. Each tone unit therefore has mid, high or low key. If a mid key tone unit simply makes an assertion, then an otherwise identical one with high key makes the same assertion with the added implication that it is not what one would expect. With low key, the implication is that this is exactly what one *would* expect: indeed, it often amounts to saying, in different words, the same thing as has just been said.
lateral	The two lateral consonants /r/ and /l/ are made by allowing air to escape on either side of the point where the tongue touches the palate.
nasal	The two nasal consonants /m/ and /n/ are the result of allowing air to escape via the nasal passage as well as via the mouth.
plosive	To produce this kind of consonant, the speaker makes a complete closure at some point in the mouth, causes the air pressure to build up behind it, and then releases it.
proclaiming tone	This label is applied to the falling tone (and the less common rise-fall, which is not included in this course). They are best thought of alongside their complementary tones, the referring tones: fall-rise and rise. Everything we say can be thought of either as not formerly shared with our listener(s) or as already shared with them. Proclaiming tones mark parts of the message as not shared, while referring tones mark other parts as shared.
prominent syllable	Prominent syllables are those which, in a particular tone unit, are made more noticeable than others. Each tone unit has either one or two such syllables, and the tonic syllable is always one of them. Their function is to mark the word in which they occur as representing a significant 'selection' in whatever conversation is taking place.
protected vowel	The sound of many vowels does not vary very much. These, the protected vowels, can be compared with the remainder which vary considerably, depending on a number of factors. These include how careful the speaker is being at the time, and where the sound occurs in relation to neighbouring sounds. Words of more than one syllable always have at least one protected vowel and sometimes two. They are the vowels of those syllables which have prominence in the citation form of the word. The vowel of a single syllable word is protected if it is a content word but not if it is a function word. (See *unprotected vowel*.)
referring tone	The referring tones are the fall-rise and the rising tones. (See *proclaiming tone*.)

tone	There are five tones: the fall, the rise-fall, the fall-rise, the rise and the level. The label refers to the pitch movement (or lack of movement) that begins at the last prominent syllable of each tone unit.
tone unit	All spoken English is made up of tone units. You can often hear a pause or some other kind of break between tone units, but this is not necessarily the case. Every tone unit has a tonic syllable – and therefore one of the five tones. There may also be another prominent syllable before it. The tone unit is planned and spoken *as a whole*, a fact which results in it (and not the word) being produced as the smallest stretch of speech without a break in it.
tonic syllable	The last prominent syllable in the tone unit, the tonic syllable, is the one where the most noticeable pitch movement occurs, and hence the place where we usually think of the choice of tone as being made.
unprotected vowel	Speakers do not give the same attention to the exact sound of all vowels. Many vowels vary considerably in their pronunciation from one occasion to the next. The tendency to 'neglect' such vowels, which is very strong among English speakers, often results in their being reduced to the neutral vowel /ə/ or to /ɪ/. To sound natural, you should follow the practice of not being too concerned about these vowels. (See *protected vowel*.)
vowel	Vowel sounds differ from consonants in that there is no obstruction to the air stream when they are made. Their differences are caused by changing position of the speaker's lips and the position of the tongue relative to the palate.

Additional map for Task 4.9

Use this map of David's town to answer your partner's questions.

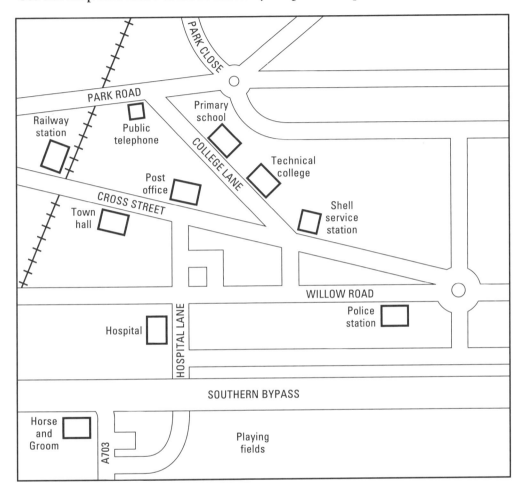